사랑과 열정이 충만한 행복한 인생 에세이

그대 있음에
내가 있네

- 한빛에서 나를 찾다
YOU ARE, THEREFOR I AM

20   년   월   일

님께
_____

사랑과 행복이 나날이 충만하시길 기원합니다.

올림
_____

사랑과 열정이 충만한 행복한 인생 에세이

그대 있음에 내가 있네

- 한빛에서 나를 찾다
YOU ARE, THEREFOR I AM

박진석 지음

그대 있음에 내가 있네

박진석 지음

발행처·도서출판 **청어**
발행인·이영철
영 업·이동호
홍 보·이용희
기 획·천성래
편 집·방세화
디자인·김희주 | 이수빈
제작부장·공병한
인 쇄·두리터

등 록·1999년 5월 3일
(제321-3210000251001999000063호)

1판 1쇄 인쇄·2018년 6월 1일
1판 1쇄 발행·2018년 6월 10일

주소·서울특별시 서초구 효령로55길 45-8 2층
대표전화·02-586-0477
팩시밀리·02-586-0478

홈페이지·www.chungeobook.com
E-mail·ppi20@hanmail.net
ISBN·979-11-5860-552-0 (03330)

이 도서의 국립중앙도서관 출판시도서목록(CIP)은 서지정보유통지원시스템 홈페이지(http://seoji.nl.go.
kr)와 국가자료공동목록시스템(http://www.nl.go.kr/kolisnet)에서 이용하실 수 있습니다.(CIP제어번호:
CIP2018015031)

그대 있음에 내가 있네

- 한빛에서 나를 찾다
YOU ARE, THEREFOR I AM

추천의 글

(사)한빛신문 대표이사 박순구

제4차 산업혁명과 글로벌(Global)시대에 올바른 심성(心性)을 갖고, 활발하게 삶을 영위해 나가기 위해서는 위대한 명현선조(名賢先祖)님들의 훌륭한 정신(精神)과 덕성(德性)을 현대생활에서도 본받아 나가야

먼저 그동안 (사)신라오릉보존회(박씨대종친회)의 활성화 발전에 기여해오고, 애종정신이 각별하여 수원시지부 회장과 종친회보 《라정(蘿井)》의 편집인 및 발행인 이었던 박진석 현종이 사랑과 열정이 담긴 행복한 인생 수필집 『그대 있음에 내가 있네』를 발간하게 된 것을 축하합니다.

저자는 그동안 전국의 500만 박씨 종친들의 대종보(大宗報)인 《한빛신문》을 통해 본보 창간(2007년) 이후 오늘날까지 논설위원으로서 꾸준히 논설문을 작성, 기고해 옴으로써 경향 각지의 많은 종친 독자들에게 삶의 지혜를 공유하게 하고, 신선한 삶의 용기를 갖게 했다고 생각합니다.

『그대 있음에 내가 있네』의 에세이 형식 논설문을 보면, 우리는 저자의 사려 깊은 삶의 통찰력(洞察力)을 느낄 수 있을 것입니다. 즉, '그대'는 우리 박씨 종친들은 신라왕손으로서 지금의 나를 존재하게 했던, 생명의 근원인 조상님들을 가리키는 말이기도 하고, 우리 모두가 성손으로서 만파일원(萬派一源)의 일가친척들임을 지칭하기도 할 뿐만 아니라, 인생의 기나긴 여정동안 희로애락을 함께 하는 인생의 동반자(배우자)를 뜻하기도 하며, 더 나아가서는 사회생활 과정에서 만나게 되는 우연한 좋은 인연(因緣)들을 의미하기도 할 것으로 생각합니다.

그리고 이 책의 부제목으로 정한 '한빛에서 나를 찾다'는 저자가 스스로의 정체성(正體性)을 지키면서 한빛(광명이세)의 가르침을 익히고, 《한빛신문》을 통해 항상 본성(本性)을 되돌아보고, 올바른 심성(心性)을 갖고자 노력하는 등 성숙된 인품을 유지해 왔음을 알 수 있으며, 저자의 삶의 역동성(力動性)을 느끼게 하고 있습니다.

『그대 있음에 내가 있네』가 《한빛신문》의 애독자들은 물론, 전국의 박씨 가족들과 삶을 의욕적으로 살아가기 위해 노력하는 사람들에게 조금이나마 긍정적으로 도움을 줄 수 있게 되기를 기대합니다.

추천의 글

밀양 박씨 사문진사공파 대종회장 박원준

  오늘날 개인주의와 이기적인 생활 태도 및 관념의 사조(思潮)가 날로 팽배해져 가는 시대 상황 속에서도 저자는 박씨 성손으로서의 정체성을 지키고, 조상을 존경하며, 이웃들을 사랑하면서 자기 삶의 지혜와 식견을 올바르게 갖기 위해 스스로를 되돌아보는 사랑과 열정이 충만한 인생 수필집을 출판하게 된 것은 중요한 의미가 있다고 생각합니다.

  『그대 있음에 내가 있네』의 저자 박진석 현종은 지난 2005년부터 10여 년 동안 수원지역은 물론 경향각지의 우리 박씨 가족들을 사랑하는 애종정신이 투철하여 우리 박씨들의 회보인 《라정(蘿井)》을 편집, 발행해 주요 생활정보를 원활히 제공, 이웃 간에 화합하고 단합해 왔을 뿐만 아니라 수원시 지부의 회장직을 원활히 수행해 옴으로써 이곳 수원지역의 박씨 가족들로부터 칭송을 받아왔는데, 금번 《한빛신문》에 2007년 창간 이후 현재까지 11년 동안 기고, 보도해온 논설문들을 한 데 모아 책으로 발간하게 된 데 대해서 우선 축하를 드립니다.

우리는 한평생을 살아가면서 삶을 사랑하고 열정을 가지고 살 수 있다면, 몸과 마음이 건강해질 뿐만 아니라 미래의 꿈을 실현시킬 수 있는 자신감을 갖게 됨으로써 더욱 행복한 인생이 될 것입니다.

특히, 저자가 『그대 있음에 내가 있네』의 부제목으로 정한 '한빛에서 나를 찾다'는 매우 의미 깊은 뜻을 내포하고 있는 것으로 생각됩니다.

현재 우리나라의 300여 개 성씨 중에서 유일무이하게 한반도 내에서 생성된 토속적인 성씨이면서 천강성(天降姓)인 우리 박씨의 시조대왕인 박혁거세(朴赫居世) 거서간(居西干) 님의 광명이세(光明理世)의 가르침이 바로 한빛 즉, 큰빛을 통해서 세상을 밝게 밝히고, 이롭게 하고자 하는 가르침을 따르고, 이에 연유했다는 사실을 강조하면서 저자의 본성(本性)을 찾고자 했다는 것은 매우 사려 깊은 것이라고 믿어집니다.

『그대 있음에 내가 있네』가 우리 박씨 종친들은 물론 삶의 열정(熱情)을 갖고, 미래 지향적으로 살아가려는 사람들에게 삶의 지혜(知慧)와 의욕(意欲)을 갖게 하는 데 기여할 수 있기 바랍니다.

우리 박씨 종친들의 대종보인 《한빛신문》 창간(2007. 2.) 이후 현재까지 10여 년 간 오피니언 칼럼에 논설문을 써오면서 나 자신의 생각들을 되돌아보고, 전국의 500만 박씨 가족들에게 본인의 삶의 지혜, 경험, 지식 등을 전해줌으로써 공감하게 하고, 의욕적인 삶을 영위하는데 다소 간의 도움을 줄 수 있으리란 기대를 하였습니다.

그동안 박씨 가족들로부터 많은 관심과 감사의 전화나 서신을 받을 때에는 보람과 긍지를 느끼기도 했습니다.

고대 그리스 철학자 '소크라테스'는 일찍이 '너 자신을 알라'는 명언을 하면서 사람이 한평생 오욕(五慾: 소유, 명예, 수면, 식사, 색욕 등)과 칠정(七情: 희로애락우애오)의 소용돌이에 휩싸여 살아가는 존재지만 후회 없는 인생을 살아가기 위해서는 스스로 자신의 생각과 마음이 올바르고 이기적이지 않은가에 대해 먼저 자신을 되돌아보는 지혜를 가져야 한다고 설파했습니다.

본인이 그동안 《한빛신문》을 통해서 논설문을 작성, 보도하게 된 것도 이런 기회를 통해 나 자신의 생각과 행동이 올바르고, 나아가서 박씨 가족들에게 공감과 감명을 줄 수 있지 않을까 하는 바람을 갖고 있었다고 생각합니다.

그리고 부제목을 '한빛에서 나를 찾다'라고 정한 것은《한빛신문》
이 우리 박씨들의 대종보이기도 하지만, 시조대왕인 '박혁거세 거서
간' 님의 '광명이세'의 가르침이 바로 한빛 즉, 큰 빛을 통해서 세상
을 밝게 밝히고, 이롭게 하고자 하는 가르침을 따르고, 이에 연유
했다고 할 수 있습니다.

『그대 있음에 내가 있네』에는 총 28편의 논설문이 에세이(Essay)
형식으로 담겨있는데 이를 주요 주제별로 구분해서 수록한 바, 제1
부 7편, 제2부 7편, 제3부 7편, 세4부 7편으로 구성되어 있습니다.

지난 11년 동안 꾸준히 원고 정리와 PC 작업 등에 참여한 아들
승철이와 이 책의 편집, 발간에 협조해 준 배우자(시인 정재희)와 딸
(승현, 승민, 승림)들, 청어출판사 이영철 사장님께 진심으로 감사드립
니다. 전국의 우리 박씨 가족들과 관심 있는 많은 사람들이 삶의
용기와 사랑과 열정이 가득한 밝은 미래를 꿈꾸는 데, 미력이나마
도움이 되기를 기원합니다.

노을이 비껴가는 서재에서

동원 **박진석**

차례

제4부 '제4차 산업혁명' 대변혁의 본질과 우리의 대응 자세

제1부

21세기의 유교사상이 현대인의 의식변화에 미치는 영향

1. 새봄의 찬미(讚美)와 숭조정신(崇祖精神)의 구현(상)

신묘년(辛卯年) 올해 겨울은 새해가 시작되면서부터 한파가 지속되었던 것으로 기억된다. 예전 겨울에는 흔히 되풀이되던 삼한사온(三寒四溫)의 기후변화 패턴이 점차 사라지고, 추위가 기승을 부림으로서 그동안 별로 춥지 않은 겨울에 길들여진 많은 사람들에게 이번 겨울나기는 몹시 불편을 주었던 것이 사실이다.

특히 올 겨울에는 눈도 많이 왔을 뿐만 아니라 소한(小寒)과 대한(大寒)이 지나서도 거의 두 달 가까이 지속된 맹추위는 우리 종친들의 몸과 마음을 얼어붙게 했다고 해도 과언이 아닐 것이다. 그러나 계절의 변화는 어김없이 찾아와서 입춘과 우수가 지난 뒤부터는 어느덧 눈 덮인 산야와 시냇가의 두꺼운 얼음장 밑에서는 봄기운이 서서히 감돌고 있음을 알 수 있었다. 이와 같이 한 겨울 속에서도 봄의 서기가 감도는 현상이 바로 자연의 순환질서이면서 대자연의 약동의 법칙이 어김없이 작용해서가 아닐까 생각된다.

바야흐로 이제부터는 봄의 문턱을 넘어서게 되는 4월이 다가오고 있다. 항상 이맘때가 되면 서정적인 시와 낭만적인 감정이 우리의 마음을 자극하기도 한다.

일찍이 19세기말 영국의 계관시인 이며, 문학 평론가로서 노벨문

학상 수상자인 '엘리어트(T.S.Eliot, AD 1888~1965)'는 그의 대표적 서정시인 「황무지(荒蕪地: The Waste Land)」를 통해서 '새봄이 오면 혹한의 춥고 삭막한 겨울을 이겨낸 모든 땅의 새 생명들이 다시 살아 움트고, 생기 넘치는 온 누리는 모든 사람들에게 환희와 새로운 희망을 갖게 하는 삶을 선사한다.'라고 새봄을 찬미했다. 여기서 「황무지」 시를 살펴보자.

……4월은 / 잔인한 달 / 죽은 땅에서 / 라일락(Lilac) 꽃이 피어나고 / 모든 사람들의 / 추억과 / 온갖 욕망을 엮어내고 / 잠든 땅에서 / 봄비가/ 풀뿌리를 깨우고 / 생기와 / 약동을 선사한다……

또한, 한국문단(韓國文壇)의 거목으로 현대문학사에 커다란 업적을 남겼던 청록파 시인의 한 사람인 박목월(朴木月, AD 1917~1978, 본향: 고령)은 그의 대표적인 서정시의 하나인 「산도화(山桃花)」(「박목월 시선집」, 정음사 간행)에서 3월 이른 봄을 다음과 같이 아름답게 노래하고 있다.

……산은 / 구강산(九江山) / 보랏빛 석산(石山) / 산도화(山桃花) / 두어송이 / 송이 버는데 / 봄눈 녹아흐르는 / 옥 같은 / 물에 / 사슴은 암사슴 / 발을 씻는다……
……석산에는 / 보랏빛 은은한 봄기운이 돌고 / 조용한 진

종일(盡終日) / 그런 날의 산도화 / 산 마을의 물소리 / 지저귀는 새소리 뭇 새소리 / 산암(山菴)을 내려가면 잦아지는데 / 춘삼월(春三月)을 건너가는 / 햇살 아씨……

또한, 현재 한국문협 홍보위원이며, 경기도 시인협회 회장이면서 경기일보 논설위원인 임병호(林炳鎬) 시인은 「다시 봄이 오면」이란 시를 통하여 새봄을 찬미하고 있다.

……어머니 품속의 아기가 되겠다 / 어머니 따라 나물 캐러 다니던 / 대여섯 살 어린아이가 되겠다 / 언덕에 누워 봄 하늘 바라보며 / 버들피리 부는 소년이 되겠다 / 푸른 야생마처럼 산야 달리는 / 피 끓는 뜨거운 청년이 되겠다 / 지난 세월 그리워하지 않겠다 / 추억도 서러움도 다 지우겠다 / 다시 태어나 나무처럼 살겠다 / 맨 처음 내 이름 불러줄 사람 / 그 운명 산문에서 기다리겠다 …… 강물처럼 바람처럼 구름처럼 / 현세 내세 오며 가며 살겠다 / 오, 예언처럼 봄이 다시오면 / 숲 속 마을에서 나무로 살겠다……

이와 같은 「다시 봄이 오면」이라는 이 시는 그동안 우리 고장 수원, 화성의 자연과 문화, 서정 등을 밝고 아름답게 노래해 온, 향토 시인의 시이다. 이 시는 한국 문단 및 언론계에서 오랫동안 역동적으로 문단 활동을 해온 중견시인의 심미안적인 시로서 그의 열세 번째 시집 『단풍제』(도서출판 AJ 간행) 중에서 발췌한 것임을 밝혀둔다.

이 시는 춥고 삭막한 겨울을 이겨낸 새 생명들이 움트고, 만물이 약동하는 환희의 봄이 다시오면 '천진난만한 어린 시절로, 피 끓는 청년으로 태어나고, 바람처럼 구름처럼 자연과 더불어 현세와 내세를 오가며 살고 싶다'라는 시인의 초자연적인 정서를 읊고 있다.

그리고 이 시는 인생을 관조(觀照)하는 해맑은 마음을 감성적으로 노래함으로써 훈훈한 인간애(人間愛)를 느끼게 해주는 아름다운 서정시로서 우리 종친들에게도 지난날 인고(忍苦)의 삶을 의연(毅然)하고, 활기차게 살아왔던 인생을 새삼 반추(反芻)하게 하고, 마음을 순화시켜주는 느낌을 갖게 하는 시라고 생각된다.

새봄의 찬미(讚美)와 숭조정신(崇祖精神)의 구현(하)

고려 말기에 청절신(淸節臣) 중의 한 사람인 문경공(文敬公) 박의중(朴宜中, AD 1337~1403) 선조님은 「새봄의 노래」라는 한시를 읊으면서 봄을 찬미한 바 있다. 그동안 우리 종친들이 평소에 숭모하고, 위대한 업적과 정신(넋)을 기려온 수많은 명현선조님들 중에는 계절의 변화와 우주의 순환질서에 순응해가며 살아가는 종친들의 삶의 이치와 모습을 서정적으로 노래한 아름다운 시를 후손들에게 남긴 선조님이 계신 것을 우연히 알게 된 필자는 '숭조정신의 구현' 차원에서 선조님의 이 시(한시)를 종친들과 함께 음미해 보는 것도 매우 뜻있고 가치 있는 일이라고 사료되어 성찰해 본다.

본란을 통하여 새삼 음미해 보고자 하는 「새봄의 노래」라는 이시는 고려 말기의 대학자이고, 청절신이며, 외교가로서 국가와 민족을 위해 헌신적으로 멸사봉공(滅私奉公)의 정신을 발휘하면서 위업을 남긴 정재(貞齋) 선조님의 한시(漢詩)로서 『정재집(貞齋集)』 상편을 통하여 우리 후손들에게 전해지고 있음을 알 수 있다.

얼마 전에 이 시를 발견하게 된 필자는 매우 큰 감동과 함께 깊은 감명을 받은바 있다. 이러한 심정을 비유해서 밝힌다면 마치 넓은 바닷가 백사장에서 진주(眞珠)를 발견한 듯한 감동과 흥분을 느끼게 됨으로써 매우 감회가 새롭다. 그 당시의 '새봄을 찬미'하면서 한시로 읊은 박의중 선조님의 「새봄의 노래」를 한시와 우리말로 새롭게 음미해보면 아래와 같다.

> 欽若昊天萬國寅 하고, 太和元氣此施均 하네.
> 흠약호천만국인   태화원기차시균
> 理何溟涬陰陽局 한데, 德復光輝日月輪 하도다.
> 이하명행음양국   덕부광휘일월륜
> 首闢乾樞環轉度 하고, 躬行地軸運居宸 하구나.

수벽건추환전도   궁행지축운거신

花中隱逸高軒菊은, 不與桃容紫府新 하리라.

화중은일고헌국   불여도용자부신

저 넓은 하늘 온 누리가 다 새봄이구나.

우주(宇宙)의 조화(調和)로운 기운(氣運) 고루 펴이네.

이치(理致)는 음양국(陰陽局)에 고요하기만 한데

덕(德)은 해와 달같이 더욱 빛나도다.

위로 천기(天氣) 열리어 궤도(軌道) 따라 돌아오고

몸은 지구(地球)의 자전이치(自轉理致)대로 큰 집에 사는 구나.

절개(節槪)를 자랑하는 높은 뜰의 저 국화(菊花)는

복숭아 따위와는 달리 자맥(紫陌)에 새로우리.

　　우리 종친들에게 널리 알려진 바와 같이 박의중 선조님은 시조로
부터 46세손이고, 파조는 박원(朴元)으로서 사문진사공파의 8세손
이시다. 선조님은 천자가 명인하고, 청렴강개하여 학문이 독실하며,
문장이 전아(典雅)하였다고 전해지고 있다. 선조님은 학문세계에 있
어서도 매우 폭넓고 심오했는데 성리학(性理學)에도 박통한 대학자
였고, 예학(禮學)에도 밝아 목은 이색(李穡), 포은 정몽주(鄭夢周) 등
과 함께 명성을 크게 떨친 충신이다.

박의중 선조님의 철학과 사상 및 학문이 고루 깃들어 있는 이 시는 약 600여 년의 시공(時空)을 초월해서 오늘날 우리 후손들이 2011년 신묘년의 새봄을 맞이하면서 새삼 이를 감상, 음미해 봄도 뜻있을 것으로 사료됨으로 종친들과 함께 음미해 보았다.

이러한 문경공 선조님의 시와 문장은 우아하고, 박통(博通)함이 내재되어 있음이 특징이며, 특히 선조님의 이 시는 '새롭게 맞이하는 새봄에는 조화로운 우주의 기운이 충만하고, 아름다운 덕이 널리 빛나는 곧고 올바른 삶이 영위되기를 기원하는, 깊고 넓은 뜻을 담고 있는 심미적인 서정시(抒情詩)'인 것으로 평가할 수 있을 것으로 판단된다.

2. 숭조정신(崇祖精神)의 발현(發顯)과 성손(聖孫)의 자세

일반적으로 많은 사람들이 인식하고 있는 숭조정신은 후손들이 조상을 막연히 공경하고, 숭배하는 정신이라 할 수 있다.

그러나 박씨 종친들은 성손(聖孫)으로서 종강삼시(宗綱三是)의 종훈(宗訓)에서 정한 숭조정신을 되새기고, 익혀서 이를 승화, 구현(具顯)시켜 나가는 생활을 해야 할 것이다. 우리 성손들이 이렇게 해야 하는 소이(所以)는 바로 훌륭한 조상님의 위업(偉業)을 오늘에 다시 기리고, 빛나는 삶의 지혜와 우리들에게 깊은 감명을 준 선조님들의 얼을 본받아 잘 따름으로서 앞으로 우리들의 삶이 조상님들의 음덕(蔭德)을 받아 후덕(厚德)하게 되고, 활기차게 영위(營爲)될 수 있을 것이기 때문이다.

즉, 우리 종친들은 신라 왕손으로서 시조대왕님을 비롯한 명현 선조님들에 대한 추원보본(追遠報本)의 정신을 명심하고, 정성을 다해서 숭조정신을 발현(發顯)해 나가는 생활을 견지해야 할 것이다.

성손의 품위를 지키고, 후손된 도리를 다하도록 적극 노력해야

예전부터 흔히 이르기를 '뿌리 깊은 나무는 바람에 흔들리지 않고, 샘이 깊은 물은 항상 마르지 않는다'라는 말이 전해지고 있다. 이는 근원이 분명하고 튼튼하면 후손이 크게 번연(繁衍)하고 자손

만대에 면면이 계승 발전한다는 뜻을 내포하고 있는 말로서, 마치 우리 조상님들과 박성을 갖고 있는 우리 성손들을 두고 이르는 말과 같이 느껴진다.

사실 누구나 자신의 조상은 있게 마련이지만, 우리 500만 성손들은 여타의 성씨를 갖고 있는 사람들에게서는 유례를 찾아볼 수 없는 훌륭한 선조님을 모셨다.

이는 지금으로부터 약 2천여 년 전 한반도에 신라 대국을 창업하신 조상님이 바로 우리들의 시조대왕. 박혁거세 거서간(居西干)이시며, 우리 박씨 시조 할아버지라는 사실은 많은 역사적 기록과 현존하는 최고의 사서인 『삼국사기』와 『삼국유사』를 통해서도 분명하게 기록되어 있음을 고려할 때, 매우 자랑스럽고 성스럽게까지 느껴진다.

그러나 잠시 스스로를 되돌아보면 우리 성손들은 그동안 크게 번성(繁盛)하였고, 수많은 명현 선조님들을 모시게 된 출중한 가문의 후손이자 종친(宗親)임을 긍지로 삼으면서 살고 있다. 그리고 현세(現世)에도 능력과 재능이 뛰어난 후손들이 국가와 사회에 크게 이바지하고 있는 유일한 토박이 성씨로서 조상님들의 자애(慈愛)로운 음덕을 받아 후손으로서 많은 경사스러운 일을 누려온 것도 사실이다.

그런데 과연 우리종친들이 성손으로서의 품위(品位)를 제대로 지키고, 후손된 도리(道理)를 다해 왔는가를 자문(自問)해 볼 때, 아마도 적지 않은 종친들이 현실적인 삶의 영위(營爲)에 급급한 나머지 후손된 도리와 역할을 제대로 하지 못한 채 생활해오고 있지 않나 생각되어, 조상님들께 송구스러운 마음 금할 길이 없다는 것이 본인의 솔직한 심정이다.

한편 본인이 살고 있는 수원 경기지역만 보더라도 그 어느 지방보다도 종친님들이 많지만, 평소에 우리가 과연 성스럽고 훌륭한 명현 선조님들의 후손임을 의식(意識)하고, 종친 간에 유대를 돈독히 하며 살아가고 있는지를 다시 한번 깊이 생각해 보아야 하겠다.

종친 간 돈목, 단합하며, 향례행사(오릉대제 등)에
적극 관심 가져야

우리 성손들은 지금부터라도 종강삼시 즉, 숭조·애종·육영의 이념과 종훈을 잘 익히고 실천하는 생활 자세를 견지해 나가야 하겠고, 종친 간에 돈목(敦睦)하여 대동단결(大同團結)해 나감으로서 오늘의 삶이 더욱 활기차고 생동감 넘치게 조성되어 나갈 수 있게 될 것이다.

아울러 자라나는 새싹(후예)들을 잘 키우기 위한 노력과 함께 경로효친(敬老孝親)의 가르침도 솔선해서 계도(啓導)해 나가야 하겠다.

그런 의미에서 종친들이 숭조정신을 구현하고, 발현해 나간다는 것은 매우 중요한 가치(價値)와 덕목(德目)임을 새삼 깨달아야 할 것이다.

특히 오는 4월 초, 청명일을 기해 경주에서 거행하는 오릉대제(청명대제) 행사에 참배(參拜)하는 일은 행사를 주관하는 일부 관계 종친들만의 의식으로 그쳐서는 안 될 것이다. 그러므로 뜻있는 종친이라면 특별한 경우를 제외하고는 1~2년에 한 번씩이라도 오릉대제에 가족들과 함께 참사(參祀)하는 생활 자세를 가져야 한다.

그것은 이런 기회를 통해 온가족이 한 뿌리의식과 성손으로서의 정체성(正體性)을 확인하고, 훌륭한 선조님의 후손이라는 자긍심(自矜心)도 가질 수 있는 '산교육의 장'에 참여하는 기회로 삼아야 하기 때문이다.

오늘날 우리 성손들이 조상님에 대해 공경(恭敬)과 감사(感謝)와 숭배(崇拜)를 위한 엄숙한 제례행사(祭禮行事)를 실행함에 있어서 각종 제례의식을 지내는 일, 참여하는 일, 진행하는 일 등은 당연히 한 가족 또는 우리 성손들이 진심에서 우러나오는 마음가짐으로 정성껏 참사하고, 성실히 참배하여야 하겠다.

이렇게 할 때 비로소 한층 뜻있는 향례행사(享禮行事)가 될 수 있으며 숭조정신을 발현해 나갈 수 있는 실천의지가 분명한 종친이 될 수 있기 때문이다.

3. 전통 효도사상(孝道思想)의 구현과
부모은중경(父母恩重經)

　우리나라의 미풍양속 전통예절문화의 본 바탕에는 부모를 잘 섬기고 웃어른을 공경하는 경노효친(敬老孝親)의 효도사상(孝道思想)과 문화가 깊게 뿌리내려져 있다. 우리는 매년 이맘때쯤이면 어버이의 은혜(恩惠)에 감사하고 효도사상을 드높이기 위해 5월을 어버이의 달로 정해 널리 선양(宣揚)하는 예절문화(禮節文化)를 지켜가고 있다.

　이와 같이 우리가 어버이의 은혜에 감사하는 정신과 문화를 면면이 지켜나가고 있는 전통은 과연 그 연원(淵源)이 어디에 있으며, 그러한 효도사상은 어떻게 정립되어 구현(具現)되고 있는가 등에 관해서 새삼 음미(吟味)해 보는 것도 큰 의미가 있다고 생각된다.

　오늘날 어버이에 대한 효도사상과 예절문화를 지켜 나가는 현상은 나라와 종교를 초월해서 이루어지고 있는 실정이다.

　즉, 동서양을 막론하고 여러 나라에서 지켜지고 있고, 또한 유교, 불교, 기독교 등 주요 종교의 교리에서도 높은 가치를 부여하고 있음을 알 수 있는데, 이런 사실은 효도사상이 인륜상 절대적 가치(價値)와 우선적 선행(善行)으로 인식되고 있음을 반영하고 있는 것이며 최고의 선(善)이 된다는 것을 공감(共感)하기 때문이리라.

　우리와 문화의 차이가 크고, 이질적인 종교를 믿고 있는 미국, 영국, 독일 등 구미각국에서도 5월은 어머니의 달로 6월은 아버지의 달로 정해 부모에 대한 감사와 보은의 참뜻을 되새기고 있음을 고려해 볼 때, 효도사상은 분명 높은 가치와 최고의 선행이라는 사실을 실감하게 하고 있다.

대효(大孝)는 대덕(大德)의 근본, 성현들의 가르침을 실천해야

우리나라의 전통적인 정신문화와 사상 등은 오래전부터 이웃 중국의 영향을 크게 받아왔다는 것은 주지의 사실이다. 특히 유교(儒敎)의 교리와 사상이 우리에게 전해지기 시작한 것은 삼국시대 때인 AD 약 3~4세기경으로 추정(백제, 고구려, 신라순)되며, 유교는 이때부터 점차 우리민족의 문화와 사상의 중심에 위치해서 종교적으로도 뿌리를 내리고, 사회적인 윤리, 도덕적 가치관을 형성해 왔다고 볼 수 있다. 이러한 유교에 있어서 부모에 대한 효도사상은 깊은 의미를 내포하고 있다.

중국 춘추시대 말기 노나라의 성현이자 사상가인 공자(孔子, 본명 丘, BC 552~479)에 의해 정립된 유교에서 공자사상의 근본은 인(仁)에 근거를 두고, 인애사상(仁愛思想)을 주장하고 있는데 여기에 바탕을 두고 공자는 효도사상을 가르치고 있다고 볼 수 있다.

그렇다면 어떻게 하는 것이 부모에게 효도(孝道)하는 것일까?

공자의 제자들이 효도를 스승에게 물을 때 공자는 『논어(論語)』의 '위정편(爲政編)'을 통해 다음과 같이 가르치고 있다. '부모에게 어김이 없도록 하는 것' '효도는 물질적인 봉양만이 부모에 대한 효행

이 아니다' '어버이의 안색을 살펴서 그에 맞게 행동해야 한다' 또한
『중용(中庸)』(공자의 손자인 자사[子思] 지음)의 제3편 대덕과 대효에 의하
면 '대덕이란 곧 중용의 도를 지킴으로서 이루어지는 것이며, 인간
사회에 있어서 그 바탕이 되는 것은 오직 부모에 대한 효도를 다하
는 데 있다.'라고 가르치고 있고 '예절의 근본은 부모에 대한 효도와
친족들과의 화목에 있다.'라고 설파했다.

그리고 불교(佛敎)에서는 여러 가지 경전(經典)을 통해 부모에 대한
효도를 가르치고 있으며, 역시 이를 불교의 교화 목적 중의 하나로
삼고 있는데 효도를 만선의 근본이라고 가르치면서 특히 부모의 은
혜에 보은해야 함을 강조하고 있는 것이 특징이다. 역시 불교의 경
우에도 삼국시대 이후 우리의 전통적인 정신문화와 종교 사상에 큰
영향을 미쳐왔다고 볼 수 있다.

석가모니(釋迦牟尼, BC 565~485, 금년은 불기[佛紀] 2551년임) 부처님께
서는 어느 날 제자 아란에게 이르기를 '내가 중생(衆生)을 보니 비
록 사람의 형체를 갖추었으나 마음과 행동이 어리석고 어두워서 부
모의 은혜(恩惠)와 덕(德)을 알지 못하고 공경하는 마음을 내지 않으
며, 은혜를 저 버리고 덕을 배반하며, 어질고 사랑하는 마음이 없
어서 효도하지 않고 의리가 없느니라. 부모에 대한 효행(孝行)은 만
선(萬善)의 근본이며, 부모야 말로 좋은 복전(福田)인 것이다. 따라서
천지의 귀신을 다 섬긴다 해도 부모에 효도함만 못하다. 만약 총명
하고 지혜를 가진 자가 있어 생사의 피안(彼岸)에 도달하려면 응당
부모를 존경해야 한다'라고 가르쳐 주셨다.

부모에게 효도로서 섬기는 데에서 오는 공덕(功德)은 '일생 동안 부처보살이 받는 공덕과 같다'라고 말씀하시기도 했다.

그리고 부처는 사람들이 부모의 한없는 은혜를 갚으려면 첫째, 부모의 한량없는 은혜를 알 것. 둘째, 그 은혜를 모르는 사람을 깨우칠 것. 셋째, 죄업을 참회하고 삼보에 귀의하며 법다이 살 것. 넷째, 성취한 모든 공덕을 국가와 사회에 베풀어 회향할 것이라고 가르치셨다고 전해지고 있다.

한편, 예수 그리스도(Jesus Christ)의 가르침과 하나님의 말씀을 교화하는 기독교(基督敎)에서는 구약성서와 신약성서를 통해 웃어른을 공경하고 부모에게 효도해야함을 가르치고 있음을 알 수 있다. 『구약성서』의 룻기(RUTH) 제1장 제16~17절에서의 말씀을 통해 웃어른을 공경하고 부모를 잘 섬겨야 함을 교화하고 있다. 역시 『구약성서』 출애굽기(EXODUS) 제20장의 유대교와 그리스도교의 근본 계율인 '십계명(十誡命: TEN COMMANDMENTS)' 제5절(다섯 번째)의 인간에 대한 계율을 통해 '네 부모를 잘 섬기고 공경하라'라고 가르침으로써 역시 기독교의 교리를 통해서도 효도사상을 중요시하여 교화의 목적으로 삼고 있음을 알 수 있다.

이와 같이 주요종교의 교리에서도 부모님에 대한 효도사상을 최고의 가치와 덕목임을 가르치고 있는바 우리는 이러한 성현들의 가르침을 깊이 인식하고 실천하도록 노력해야 하겠다.

'부모은중경' 참뜻 되새겨 어버이의 은혜 보답하는 삶 영위해야

부모의 크고 한량없는 은혜를 상세하고 과학적으로 밝히고 있는 '부모은중경(父母恩重經)'은 부모의 크고 깊은 은혜를 보답하도록 가르친 불교 경전(經典)을 말하는데, 이러한 부모은중경이 기록된 현존하는 최고의 불경 판본은 '고려본불경'(AD 1381)으로서 이 기록에 의하면 여기에는 '불설대보 부모은중경'이라고도 기록되어 있다.

이 경전에서 밝히고 있는 부모의 큰 은혜를 간단히 요약해보면,

어머니 품에 품고 지켜준 은혜, 해산할 때 고통을 이기시는 은혜, 자식을 낳고 근심을 잊은 은혜, 쓴 것을 삼키고 단 것을 뱉어 먹이는 은혜, 진자리 마른자리 가려 누이는 은혜, 젖을 먹여 기르는 은혜, 손발이 닳도록 깨끗이 씻어주시는 은혜, 먼 길을 떠났을 때 걱정해 주시는 은혜, 자식을 위하여 나쁜 일까지 감당하는 은혜, 끝까지 불쌍히 여기고 사랑해 주시는 은혜 등의 열 가지 은혜(十大恩惠)로 구분하고 다시 상세히 설명해 주고 있다.

이러한 기술은 생리학적 측면에서 볼 때 매우 과학적으로 서술하고 있으며, 특히 아버지보다는 어머니의 은혜를 강조하고 있는 것이 특징이라 할 수 있다.

이와 같이 우리의 전통 효도사상은 동서양과 종교를 초월해서 구현되고 있음을 알 수 있고, 여러 종교를 통해서도 그 높은 가치를 부여함으로써 종교의 교화목적으로도 추구하는 인류의 공통적 선

행으로 인식되고 있음을 새삼 깨달을 수 있다.

  오늘날 현대를 살아가는 우리는 효도사상이 만선의 근본이며, 높은 가치를 지닌 최고의 덕목임을 깊이 인식하고, 앞으로 경노효친의 미풍양속과 효도 문화를 적극 창달(暢達)해 나가야 하겠으며, 특히 효행의 실천으로 사람된 도리(道理)를 다하는 삶을 영위(營爲)해 나가야 할 것이다.

4. 시조대왕과 신라천년의 원동력인 호국불교의 역할

올해로써 (사)신라오릉보존회 박씨대종친회가 창설된 지 어언 반세기를 맞이하면서 필자는 우리나라 역사상 유일하게 우리의 시조대왕인 혁거세 거서간님이 신라국을 창건, 천년동안 신라의 국력을 펼쳐올 수 있는 굳건한 국가적 체재와 기반을 확립해왔던 위업을 새삼 경탄스럽게 생각하고, 그 원동력 중의 하나가 종교적으로 호국불교 사상에 기인한 것으로 추측해 볼 수 있다.

즉, 오늘날 본 종친회의 모든 종친들은 우리의 시조대왕께서 신라국을 창건, 광명이세 정신의 창달과 이미 2천 년 전에 민주적 위민정치(爲民政治)를 실현하면서 신라천년의 위업(偉業)을 달성할 수 있는 굳건한 기반을 만들었던 사실을 새삼 기리고, 시조대왕님에 대한 숭모정신을 길이 창달해 나가야 할 것으로 사료됨으로 이에 소고를 피력해 본다.

우리 박씨 종친들의 시조대왕인 혁거세 거서간님이 BC 57년에 신라국을 창건한 이래 신라가 56대왕의 국가경영과 통일신라의 위업을 달성하는 등 천년 동안 국력을 유지해올 수 있었던 것은 강력한 왕권의 통치력과 지배 계급의 통치술 등이 작용했다고 볼 수도 있겠으나 특히 호국불교와 불국토 사상의 특성을 지닌 신라불교는 천년동안 국력을 유지해오는 데 정신적 지주 역할과 그 원동력이 되었다고 생각된다.

역사적인 사실에 근거해볼 때 신라에 불교가 최초로 전파된 것은 『삼국사기』의 신라본기 제4권에 의하면 '신라 19대 눌지왕(AD 417~458) 때 고구려 승려가 경북 선산지방을 통하여 처음 전해졌다고 하는데, 실효를 거두지 못하였으며 소지왕(미추왕, AD 479~500) 때 고승 아도 화상이 신라불교의 초석(礎石)을 다졌다'라고 기록되어 있다.

그런데 불교는 이렇게 신라에 전파되면서 다음과 같은 독특한 특성을 갖게 된다.

신라 불교의 특성을 요약해서 고구해보면 호국불교(護國佛敎), 불국토 사상(佛國土 思想) 그리고 왕즉불 사상(王卽佛 思想)으로 대별 될 수 있다.

우선 호국불교는 불교를 굳게 믿음으로써 나라를 지킬 수 있다는 것으로 현세(現世)를 중요시 하는 신앙이다. 이러한 신앙은 삼국통일(AD 668년 30대 문무왕 8년)을 전후하여 확립되었으며, 오늘날까지 한국 불교에서 일관되게 이어져 왔다고 볼 수 있다.

두 번째로 불국토 사상은 신라가 곧 불국토라는 사상으로 통일신라 이전의 신라불교를 부흥시킨 계율종(戒律宗)의 선구자인 '자장(慈藏) 대사(大師)'가 주창하였다고 한다.

자장은 신라의 불교는 새로운 것이 아니라 신라가 과거부터 불교와 인연(因緣)이 깊은 이상국(理想國)이라고 말했다. 세 번째 특성은 왕즉불 사상이다. 이는 왕이 곧 부처라는 의미로 신라의 왕은 스스로 부처임을 자처하였다. 이를 대표적으로 나타내는 것은 제24대

진흥왕 이후의 왕통이다. 전륜성왕에 관련된 동륜과 사륜, 석가모니 부처님의 부모인 백정, 마야 부인 등이 왕족의 이름으로 나타난 것이 신라불교에서만 볼 수 있는 현상인 것이다.

신라가 천년의 위업을 달성할 수 있는 굳건한 기반과 원동력이 시조대왕의 건국이념인 광명이세 정신과 호국불교에 기인되었음을 우리 종친들은 새삼 인식, 후손으로서의 자긍심을 갖고, 역동적인 삶을 영위해 나가야

먼저 신라에 불교를 정착, 부흥시킨 열 분의 고승을 살펴보면 신라 최초의 사찰인 흥륜사(興輪寺: AD 544년 진흥왕 4년 창건, 경주 오릉 북쪽 위치)의 금당에 모셔진 고승 열 분으로 '아도, 위촉, 안함, 혜숙, 의상, 표훈, 사파, 원효, 혜공, 자장'을 말한다.

이러한 10대 고승은 신라에 불교가 전파된 때로부터 혜공왕(AD 765~780) 이전까지 신라의 발전과 역사에 큰 영향을 끼친 신라 불교에서 성인 시 되는 고승들을 후세의 역사학자 및 불교계에서 선정, 안치한 것으로 여겨진다.

우리 종친들은 이와 같은 호국불교와 불국토사상의 특성을 지닌 신라불교가 아도 화상(阿道 和尙: 고구려인으로 신라에 불교를 최초로 전래시킴) 등 10대 고승에 정착 부흥했다는 사실을 새삼 인식해야 하겠다.

이와 같은 신라불교는 결국 통일신라를 이룩하는 데 있어서 범국

가적인 종교로서의 역할과 범국민적인 정신적 지주역할을 함으로써 신라천년의 위업을 달성할 수 있는 근본적인 원동력이 되어왔다는 사실과 시조대왕님의 건국이념인 광명이세 정신이 원활히 창달되어 온 것으로 추정해 볼 수 있다는 것을 알 수 있으므로 현대를 살아가는 종친들은 이에 대하여 커다란 자긍심을 갖고, 역동적인 삶을 영위해 나가야 할 것으로 사료된다.

5. 성지 '라정(蘿井)'의 재조명과새로운 문화유적의 조성(상)

　신라기원 2066년(AD 2009년) 올해는 우리박씨 종친들의 시조대 왕이신 박혁거세 거서간께서 탄강하신 지 2078년(BC 69년에 탄강하 시고, 보령 13세 때 거서간으로 추대됨) 되는 해로서 박씨의 기원은 이처 럼 유구한 역사를 지녔고, (사)신라오릉보존회 박씨대종친회에서는 시조대왕님에 대한 제향을 매년 춘분대제와 청명대제 및 추분대제 때에 봉행하면서 숭모하고 있는데, 올해에도 지난 9월 23일 추분 일에 경주시 탑동에 위치한 '오릉' 경내의 시조 대왕릉에서 향사를 거행한 바 있었다.

　우리 종친들에게 잘 알려진 바와 같이 박혁거세 거서간은 우리 박 씨의 시조일 뿐만 아니라 신라의 시조왕으로서 경주 '라정(蘿井)'에서 탄강하셨다고 전해지고 있다.

　전국의 대·소 종친회에서는 그동안 숭조, 애종, 육영정신의 구현 을 지향하면서 평소 시조대왕의 만민화합(萬民和合)이념과 광명이세 (光明理世) 정신을 면면이 기리며, 종사활동을 해왔다. 특히 본 종친 회 수원시 지부의 경우 지난 2005년 9월에 종친회보를 창간하면서 시조대왕의 탄강지인 '라정'을 종보의 제호로 정하여 많은 성손들에 게 본 성지를 널리 선양해오고 있다.

　또한 동 종친회에는 종보《라정》의 발간을 통하여 종친들의 단합과 종강삼시 정신을 고취시킬 수 있게 되고, 종친회원들이 커다란 자긍심을 갖으면서 종사활동을 하고 있다는 사실은 여타 종친회의 본보기가 될 수 있어 앞으로 사명감을 갖고 더욱 정진해야 할 것인 바, 이렇게 하기 위해서는 오로지 종친회원들의 한결같은 애종정신과 숭조정신의 솔선구현이 요망된다고 하겠다.

따라서 우리 종친들은 종강삼시의 구현과 함께 성손으로서의 자긍심과 뿌리의식을 제대로 갖기 위하여 차제에 박씨 정체성의 근원지인 '라정'의 내력과 역사적 배경을 재조명해 보고 금후 우리나라의 새로운 문화유적으로 조성될 '라정'의 참모습과 문화사적 가치에 대해서 고찰해 보는 것도 큰 의미가 있다고 판단되므로 향후 3회에 걸쳐 이를 고구해 본다.

우리 박씨 성손들에게 있어서 정체성(正體性)의 근원지(根源地)라고 할 수 있는 '라정'은 현재 경북 경주시 탑동 700-1번지에 소재하고 있으며, 사적 제245호로 지정된 성스러운 곳이다.
이곳 '라정'은 종친들이라고 하면 누구나 반드시 실천해야 하는 덕목인 숭조정신(崇祖精神)을 구현해 나가는 데 있어서 우선적으로 염두에 두어야 할 메카(Mecca) 즉, 종친들이 동경하는 장소라고 생각된다.

이와 같은 '라정'에서의 시조대왕 탄강사실을 여기서 간단히 살펴보면 다음과 같다.
신라가 건국되기 이전인 기원전 1세기경 한반도의 진한(辰韓) 땅에는 고조선(古朝鮮)의 유민들이 동해 바닷가의 산간계곡(山間溪谷)에 흩어져 살면서 여섯 마을을 이루었는데, 각 촌마다 촌장이 있었다.

그러나 이렇게 촌장만 있고, 여러 부락을 이끌어나갈 지도자 즉, 나라의 임금이 안 계시어 여섯 마을 촌장인 6부촌장은 어느 날 알천에 모여서 나라를 다스릴 임금을 추대할 것을 의논한 다음, 하늘에 제사를 올렸다고 한다. 시기적으로는 이때가 중국 한나라(漢) 선제지절원년(BC 69년)이었다.

그러던 어느 날 고허촌장인 소벌도리공이 우연히 양산 지방의 '라정'이라는 우물이 있는 곳을 지나다가 우물 주변을 자세히 살펴보니 우물 근처의 울창한 숲속에서 오색구름이 일어나면서 용마가 크게 소리쳐 울었으며, 그 옆에는 신선(神仙)한 분이 무릎을 꿇고, 큰절을 올리는 형상이 보였다.

자색(紫色)빛을 띤 큰 포대 속에서 옥과 같이 아름답고, 귀여운 위용(威容)이 늠름한 옥동자가 탄생하시니, 바로 이 어른이 우리 박씨의 시조이신 혁거세 거서간이시고, 신라 시조왕이 되신 것이다.

그러므로 우리 박씨 종친들은 이 '라정'이 박씨 정체성의 근원지라고 할 수 있기 때문에 우리가 신성시해야 하는 이유가 여기에 있다고 판단된다.

성지 '라정(蘿井)'의 재조명과 새로운 문화유적의 조성(중)

경주에 소재한 '라정'은 앞에서 살펴본 바와 같이 박씨의 시조대왕이시며, 신라의 시조왕인 박혁거세 거서간께서 탄강하신 곳으로서 탄강하신 지 2078년이 지난 유구한 역사를 지녔는데, 역사적인 사실의 기록인『삼국사기』신라본기 제4의 기록에 의하면 신라 제22대 지증왕(AD 500~514)때에는 '라정'에 신궁을 창건하고, 신라 시조대왕에게 제향(祭享)을 올렸다는 기록이 있으며,『조선왕조실록』의 제23대 순조(AD 1801~1834) 실록에는 순조 2년(AD 1802)에 신라시조대왕의 탄강지를 영구히 기리기 위하여 '라정'에 비석(碑石)과 비각(碑閣)을 세웠다고 기록되어 오늘날까지 전해지고 있다.

'라정'의 이와 같은 역사적 사실을 근거로 문화재 당국과 고고학계에서는 지난 2002년부터 2005년까지 4차례에 걸쳐 '라정'을 발굴 조사한 결과 팔각지 건물 (300.27㎡)과 부속 건물지, 봉랑형 건물지, 우물지, 담장 명문기와 등이 확인됨으로써 '라정'이 신라건국 당시의 역사적인 문화유적이라는 사실을 명확히 뒷받침해주고 있음을 알 수 있다.

최근 문화재청과 경주시는 '라정'이 신라 천년(오봉, 갑자년 BC 57~AD 935)의 근원이 되는 역사적인 문화유적지로서 '라정'이 국가적인 제의(祭儀)와 관련된 시설이라는 사실이 확인된 만큼, 이러한 '라정'을 정비, 복원함으로써, 찬란한 신라의 역사와 문화를 새롭게 재조명하고, 문화적 자긍심을 고취시키기 위하여 지난 2007년부터 약 10억 원의 국고금 등을 지원, '라정' 주변의 사유지 매입과 보호 대책을 강구, 정비한 바 있다.

또한, 앞으로 2012년까지 총 71억 원의 예산으로 '라정' 유적지를 복원하고, 주변을 정비할 계획으로 '라정'의 정비, 복원사업을 계속 추진 중에 있다.

한편, 지난 2009년 2월 3일 경주 교육문화회관에서는 '역사 속 라정을 찾아서'라는 주제로 '경주 라정 정비기본계획 수립을 위한 학술심포지엄'이 개최된 바 있었는데, 참석인사는 문화재청과 경주시 관계자, 문화재 전문위원과 학계 전문가, 그리고 (사)신라오릉보존회 박氏대종친회 이사장과 원로 종친 등이 본 학술 심포지엄에 참여하여 그동안 '라정'의 발굴 성과를 바탕으로 그 역사성과 건축사 관련 분야별 전문가의 특정 주제 발표 및 토론 등이 활발히 진행되었었다.

그동안 '라정' 발굴 조사단이 실시한 네 차례의 발굴 조사결과를 요약해보면 다음과 같다.

'라정'의 현장 발굴조사단은 팔각형 건물지 상부에서 확인된 설렬과 적심을 4차구조물의 시설로 보고, 팔각형 건물지를 3차 시설, 그 하부 원형 평면의 주초석 건물지를 2차 시설, 그리고 환호를 포함한 구상 유구를 1차 시설로 파악하고 있었다.

그런데 1차 시설 중앙부에서는 타원형에 구덩이 확인되었다. 두 구덩이의 중심은 일치하지 않았으며, 1차 구덩이가 2차 구덩이의 동남쪽에 위치하고 있었다.

1차 시설의 수혈유구는 '라정'이라는 이름에 어울리는 우물 관련 시설로 소개되었고, 3차 시설의 수혈유구는 팔각형 건물과 관련된 어떤 시설로만 정의되었다.

다만 후자에서 조선시대 자기편이 수습되는 바람에 구덩이도 이때 조성된 것이라는 견해가 고고학 분야 발표에서 제기되었고, 팔각형 건물지 조성시기를 이때로 늦추어 보려는 견해마저 심포지엄 토론 시간에 개진되었다.

이때에는 2곳의 수혈유구가 한 유적에서 층위를 달리하며, 조성된 사실이 확인되었고 그중 하나가 '라정' 그 자체일 가능성이 높다고 보는 의견이 지배적이었다고 한다.

그동안 학술심포지엄에서 논의된 내용과 전문가들의 토론 견해를 종합, 개괄해 보면 이러한 역사적인 '라정' 유적은 문화사적으로 매우 중요성이 있다는 사실이 밝혀졌으므로 경주 '라정'을 앞으로 어떻게 복원하는 것이 문화재로서의 가치와 후세에까지 잘 보존될 수 있을 까하는데 초점을 맞추어 논의되었다고 볼 수 있다. 학술 심포지엄에서의 문화재 전문가와 학계 인사들의 견해를 살펴보면 다음과 같다.

첫째, 우리 박씨의 온 종친들이 신성시하는 성지로서의 성격뿐만 아니라 역사적으로나 문화사적 가치가 있는 '라정' 유적의 독특한 성격을 잘 반영하여 복원될 수 있도록 하되 단계적인 복원계획이 수립, 추진되어 할 것이며, 특히 신라천년의 기원이 되는 기념비적인 건축물이 만들어질 수 있도록 해야 한다는 견해가 있었고,

둘째, 발굴된 유적의 공통점으로 '라정'은 신궁으로 볼 수 있는 장소였다는 점을 충분히 감안하여 일반인이 쉽게 접근할 수 있도록 정비, 복원과정에서 신중하게 추진하면서도 '라정'의 중건 또는 중창이란 차원에서 접근하여 복원계획을 수립해야 하고, 발굴 유물의 전시, 홍보가 가능하도록 종합홍보 안내판의 설치도 병행돼야

한다는 견해가 제시되었으며,

셋째, '라정' 유적의 건축적 특성을 최대한 살리고, 철저한 고증(考證)을 거쳐서 우수한 문화재(文化財)로서의 건축물(建築物)이 만들어질 수 있도록 하면서 미래에 까지 고려하여 정비, 복원시킬 수 있어야 하므로 팔각건축물(八角建築物) 건축과 함께 수혈유구(壽穴有口) 정비계획도 종합적으로 수립, 추진되어야 한다는 견해 등이 제시된 바 있었다.

우리 종친들은 전국의 500만 성손들이 성지로 믿고 신성시 하는 '라정'이 종친들의 시조대왕인 혁거세 거서간께서 탄강하신 장소일 뿐만 아니라 박씨 정체성의 근원지라는 사실이 역사적으로도 입증되었음을 알 수 있게 되었다.

그러므로 우리 성손들은 '라정'이 성지라는 믿음을 갖고, 신성시 하면서 정체성을 확립하고, 성손의 품위를 지켜나가야 할 것이다.

또한, 이곳은 신라의 근원이 되는 곳으로 그동안 국가적인 제의와도 연관된 시설이라는 것도 전문가와 관계 당국에 의해 확인되었고, '라정' 유적지 발굴 조사결과 확실히 밝혀졌기 때문에 지난 2009년 6월 24일에 수립된 '라정 정비, 복원 기본 계획'에 따라서 '라정' 기존 부지(700㎡)의 약 3.5배 이상의 부지를 확장하여 문화재 보호구역으로 확정 고시했고, 부지 매입에 나서서 현재 약 90% 이상 매입을 완료한 상태에 있다는 사실도 알게 되었다.

따라서 금번 본 지면을 통하여 확인할 수 있었던 것은 앞으로 2012년에 '라정' 복원을 완료한다는 기본계획으로 정비 복원사업 추진에는 차질이 없도록 할 방침이라는 문화재 관계당국과 지자체 및 (사)신라오릉보존회 박씨대종친회 총본부 등의 확실한 결의를 우리 종친들은 새삼 알게 되었을 것이다.

지난해 10월 본보의 편집국장이 본 지면을 통하여 밝힌 종친들의 분명한 뿌리의식과 정체성 확립의 중요성에 관한 견해는 시대상황이 급변하고, 가치관이 혼란스러워지는 오늘날 우리 종친들에게 시사 하는 바가 크고, 감명을 주는 메시지라고 생각된다.

그러므로 우리 종친들은 본인 스스로 성손다운 품행과 자긍심을 가질 뿐만 아니라 자손들에게도 모범을 보이면서 뿌리의식과 정체성을 분명히 알 수 있게 해주어야 할 사명이 있다고 믿어진다.

아울러 이와 같이 역사적인 '라정' 복원을 앞두고 있는 지금 우리 박씨 종친들은 정체성을 확립하고, 성손으로서의 품위를 유지하면서 역동적인 삶을 영위해 나가도록 해야 할 것으로 사료된다.

6. 전통 유교사상(儒教思想)의 본질(本質)과
조상 존경문화(尊敬文化)의 창달(暢達)(상)

  오늘날 우리종친들은 천강성(天降姓)을 가진 성손(聖孫)으로서의 자긍심을 갖고, 수많은 명현선조님들의 위업(偉業)과 훌륭한 정신(넋)을 기리고 본받으면서 활기찬 삶을 영위하고 있다. 우리 종친들은 조상대대로부터 지금에 이르기까지 부모에게 효도하고, 어른들을 공경하는 경로효친(敬老孝親) 문화를 지켜오면서 조상 숭배사상도 구현하는 전통적인 유교문화(儒教文化)를 향유해 오고 있다.

  전국의 수많은 종친들이 이와 같은 우리의 전통문화를 지켜오고 인간중심(人間中心)의 생활덕목(生活德目)을 실천해 올 수 있었던 것은 사람다운 도리(道理)와 예절(禮節)을 중요시하는 유교사상과 문화에 삶의 보람과 가치를 부여해왔기 때문이 아닐까 생각된다.

  전통 유교사상 중 '개인의 권리와 평등사상'은 17세기 이후 서양문화에도 영향을 주었는데, 아인슈타인(A. Einstein)의 '상대성 이론'이나 토마스 제퍼슨(T. Jefferson)이 기초한 '미국의 독립선언문'에 영향을 주었고, 한국, 일본은 물론 최근 중국이 사회, 경제적으로 급신장하는 것도 공자의 유교사상에 문화적 기반을 두고 있기 때문이라고 전해지고 있다.

그동안 우리 종친들의 마음과 생각을 규율(規律)하고 있는 이러한 정신문화인 우리의 전통적인 유교사상과 문화의 본질은 무엇일까? 그리고 유교가 발생하고 성장하게 된 역사적 배경은 어떻고, 시대의 흐름과 함께 어떻게 우리 일상생활에 영향을 미쳐왔는가 등에 관해서 앞으로 3회에 걸쳐 종친들과 함께 고구해본다.

　20세기 이후 우리사회는 급격히 서양문화(西洋文化)가 유입되어 전통사회(傳統社會)에 영향을 미치게 됨으로써 생활문화 자체가 크게 변질되어 가고 있는 작금의 상황에서 볼 때 약 2천5백 년을 이어온 유교사상의 윤리적 원천이 어떤 모습으로 자리잡아왔으며, 앞으로 어떻게 발전되어 갈 것인가에 대해 큰 관심을 갖게 됨으로 깊은 성찰과 연구가 요망된다.

　우리 종친들도 주지하는 바와 같이 유교는 BC 3~4세기경 중국 춘추시대에 공자에 의해 창시, 사서(논어, 맹자, 중용, 대학)와 삼경(시경, 서경, 주역)을 경전으로 하고, 유학(儒學)을 받드는 교로서 전해진다. 일반적으로 유교는 일부 계층에서 종교로 보는 시각도 있으나, 다른 한편으로는 종교가 아니라 유학으로 보는 시각이 지배적인 관점이라는 사실이다.

　만일 종교로서 지칭할 경우에는 특정의 신(神)을 전제로 한 일신교적 가치관이나 윤회전생(輪廻轉生)의 업보관(業報觀)에서 보면 유교를 종교로 보기에는 무리가 있다고 보인다.

　그러나 살아있는 인간의 윤리도덕(倫理道德)을 강조하는 유학 개념에는 속성상 조상(祖上) 또는 천지(天地)에 대해서 제사를 지낸다는 요소가 강하게 내제되어 있다는 점을 유의해야 할 것이다. 그리고 유교의 핵심가치와 사상은 인애사상(仁愛思想)으로서 충서(忠恕)와 덕행(德行)과 효행(孝行)의 도리를 다하는 것을 최선의 가르침으로 삼고 있다.

전통적인 유교는 역사적으로 볼 때 고대 중국의 한(漢)나라에서 당(唐)나라에 이르기까지 유교경전(儒教經典)의 뜻을 해석만하는 훈고학(訓詁學)이 주류를 이루어왔으나 노장사상(老莊思想: 무위자연사상)과 심오한 외래불교의 교리에 자극, 영향을 받아오던 중에 12세기경에 들어서서 남송(南宋)의 주희(朱熹) 등이 나타나 사변과 실천의 철학체계를 창설하게 된다.

그리고 주자학에 의하면 우주의 모든 물질은 기(氣)라고 하는 균일한 미소물질로 구성되어있다고 한다. 그런데 움직이고 있는 물질이 양(陽)이요 정지하고 있는 것이 음(陰)이라고 한다. 이러한 음과 양의 결합이 오행(五行: 목, 화, 토, 금, 수)이 되어 여기서 우주만물이 형성된다고 한다. 이와 같은 우주법칙은 이미 정해져 있어서 그렇게 시키는 현상을 이(理)라고 한다. 여기서 이(理)란 우주에 편재되어 있기 때문에 따라서 학문하는 사람의 목적은 궁리(窮理) 즉, 이(理)를 끝까지 규명하는 것이어야 한다는 것이다.

우주질서로서의 이(理)는 우리들 앞에 삼강오륜오상(三綱五倫五常) 또는 예(禮) 등으로 나타나서 그 질서파괴는 천리(天理)에 어긋나 결코 용납되지 못한 것으로 규정하고 있음을 알 수 있다. 그러므로 주자학에서 명분(命分)과 절의(節義)가 소중히 여겨지는 이유가 바로 여기에 있는 것이다. 주자학에서는 질서를 소중히 여기고, 절대시하고 있는데 이는 위정자들에게는 편리한 철학 사상이었으므로 역사적으로 볼 때 유교문화권에 속하는 중국, 한국, 일본에서 여러 왕조에 걸쳐서 위정(爲政)의 주요 이념적 토대가 되었던 것으로 판단된다.

이와 같은 사실을 좀 더 살펴보면 대표적으로 중국의 남송시대에 충신 문천상(文天祥: AD 1236~1282)의 경우 원(元)나라의 세조인 쿠빌라이(AD 1260~1294)가 중국을 무력으로 제압했으나 문천상의 근왕정신(勤王精神)을 끝내 제압하지 못했다.

우리나라의 경우에는 조선왕조 5백 년 동안 선비정신의 근본을 이루어 온 것이 바로 주자학이었으며, 일본의 경우에는 명치유신(明治維新)에 의한 왕정복고(王政復古)의 원동력도 여기에서 연유되었다는 것이 통설로 되어있다.

우리사회에 전통적인 유교사상(儒敎思想)이 뿌리 깊게 자리 잡고 있다고 볼 수 있는 오늘날에도 주희(朱熹, AD 1130~1200)는 우리 종친들이 의식하든지 의식하지 않든지 간에 우리의 일상생활(日常生活) 전반에 걸쳐서 영향을 주고 있는 인물이라고 생각한다.

유교 또는 유학이라고 할 때에는 통상적으로 주자학에서 연유되는 경우가 많고, 더욱이 우리나라의 경우에는 전통문화(傳統文化)에 깊이 영향을 미치고 있는 것이 사실이다.

전통 유교사상(儒敎思想)의 본질(本質)과
조상 존경문화(尊敬文化)의 창달(暢達)(중)

　중국의 춘추전국시대(BC 770~403) 이후 중국 고래의 대표적인 사상인 유교는 앞에서 살펴본 바와 같이 인애사상(仁愛思想)을 모든 도덕을 일관하는 최고의 이념으로 삼고, 수신제가(修身齊家), 치국평천하(治國平天下)의 실현을 목표로 하고 있으며, 수천 년 동안 중국은 물론 우리나라와 일본 등 동양의 사상과 문화에 지대한 영향을 미쳐왔다.

　그런데 이러한 유교의 핵심적인 가르침과 사상을 말할 경우에는 주자학과 더불어 양명학을 고려하지 않을 수 없다.

　일반적으로 주자학이나 양명학에서 자주 인용하는 용어 중의 하나로서 격물(格物)이라는 중요한 말이 있는데, 이 말의 본래의 뜻이 명확히 밝혀지지 않고, 매우 생소하여 그동안 2천여 년을 지내오면서 유학계의 학자들의 논쟁대상이 되어왔다.

　사실 이 말은 주자학파(朱子學派: 朱熹, 程伊川)와 양명학파(陽明學派: 王陽明)가 각기 보는 시각에 따라 해석상의 차이점이 있는데, 기본적인 개념을 살펴보면 다음과 같다.

　즉, 격물(格物)이라는 말은 궁리(窮理)와 같은 뜻으로 쓰이고 있다. 그러나 궁리가 역경(易經)에서 나온 말인데 반해서 격물은 대학(大

學)에서 나온 말인 점이 서로 다르지만, 두 가지가 모두 지식을 얻기 위해 사물의 이치(理致)또는 도리(道理)를 밝힌다는 뜻을 갖는다는 점에서는 서로 같다는 것이다. 따라서 격물론(格物論)은 유교(유학)에 있어서의 인식론(認識論)에 해당하는 것으로 판단된다.

주자학파의 태두인 주희를 대표로 하는 정주계통(程朱系統)의 성리학에서는 특별히 격(格) 을 이른다(至)의 뜻으로 해석하여 모든 사물의 이치를 끝까지 파고 들어가면 앎(致知)에 이른다고 하는 이른바 성즉리설(性卽理說)을 확립하였다.

다시 말하면, 격물이란 주체인 내가 객체인 사물의 이치를 끝까지 규명하여 바람직한 이치(理致)에 도달하는 것으로 파악하였던 것이다.

그런데 왕양명(王陽明: AD 1472~1528)을 대표로 하는 육왕계통(陸王系統)에서는 사람이 참다운 양지(良知)를 얻기 위해서는 사람의 마음을 어둡게 하는 물욕(物慾)을 물리쳐야 한다고 주장하여 격을 물리친다는 뜻으로 풀이한 심즉리설(心卽理說)을 확립했다.

이러한 말은 결국 마음속의 양지양능(良知良能)을 강조하는 나머지 마음만 바로 잡으면 모든 이(理)를 외물(外物)에서 구하지 않아도 안에서 모두 깨닫게 된다고 믿었던 것으로 보인다. 이와 같은 이유 때문에 육왕계통에서는 일종의 주관적 인식론(主觀的 認識論)의 특성을 갖고 있는데 반해서 정주계통에서는 객관적 인식론(客觀的 認識論)의 특징을 갖게 되었다고 보인다. 이와 같이 각기 인식론의 흐름에 비추어보면 조선왕조의 경우에는 퇴계(退溪), 율곡(栗谷)을 정점으로 하여 저명한 유학자(儒學者) 대부분이 정주계통의 성리학(性理學)에 심취되었음은 물론 이거니와 그 공과는 어떻든지 우리의 전통적인 유교사상과 문화에 큰 역할과 발자취를 오늘날까지 남기게 되었던 것으로 생각된다.

한편, 우리 종친들에게 다소 생소한 양명학(陽明學)의 내용은 어떻고, 우리나라에서 학문적으로 소외되어온 까닭은 무언인가에 대해서 잠시 살펴보면 아래와 같다.

양명학은 양명 왕수인(陽明 王守仁)의 학설이며, 주자학과 같이 유학상의 한 학설이며, 주장이다. 본래 유교는 중국 춘추시대의 공자 시대부터 전통적인 정교일치(正敎一致)를 주지로 하여 이해되어 왔는데, 왕양명은 이와 같은 주류의 유교에 대한 인식을 크게 변경시켜 왔던 것이다. 그러므로 오랫동안 추상적이고 관념적으로만 이해되어온 유교를 동적이고, 실천하는 철학으로 변모시킨 것이 바로 양명학의 본질이라고 하겠다.

다시 말하면, 유교의 역사적 흐름에서 보면 유교경전(儒敎經典)의 뜻을 해석만 하는 훈고학적 전통이 남송(南宋)시대에 와서는 정주학파의 출현으로 사상적인 철학체계로 정립되었으며, 이어서 명(明)나라 시대에 이르러서는 왕양명에 의해서 진일보한 실천철학(實踐哲學) 체계가 확립되었던 것이다. 이와 같은 양명학의 핵심을 이루는 이념에는 치양지(致良知)와 지행합일설(知行合一說)이라는 주장이 있다.

그러나 여기서 말하는 양지(良知)란 사람이 천성으로 타고난 지혜를 말하며, 이 지혜는 누구나 모두 원천적으로 갖고 있으므로 이를 올바르게 이루어 놓은 것이 치양지라는 것이다. 사람들은 일상적으로 생각만으로는 범죄가 될 수 없다고 하지만 생각자체가 바로 행동이 될 수 있으므로 생각자체에도 불손(不遜)한 것이 없도록 수양(修養)하는 것이 곧 양명의 주장이며, 철학으로서 지(知)와 행(行)은 별개의 개념이 아니고 같은 것이라는 주장이다.

따라서 좋은 빛(光)이라는 판단작용(判斷作用)은 이미 좋아한다는 행(行)의 작용을 내포하고 있으므로 좋아하는 것은 필연적으로 좋은 빛에서 도출되어야 한다는 것이다. 예를 들면 나쁜 냄새라고 하는 판단은 곧 싫어한다는 행을 내포하고 있는데, 마찬가지로 싫어한다는 것은 나쁜 냄새에서 나온다는 것이다. 그래서 결론적으로 양명학(陽明學)의 실천철학(實踐哲學)에서 보면 지(知)는 행(行)의 시작이요, 행은 지의 완성(完成)이라고 말할 수 있다는 것이다.

전통 유교사상(儒教思想)의 본질(本質)과
조상 존경문화(尊敬文化)의 창달(暢達)(하)

전통적인 유교사상의 한 축을 이루어 온 양명학(陽明學)의 주장을 요약해 보면 지(知)를 말할 때에 그곳에는 이미 행(行)이 존재하고 있으며, 행(行)을 말할 때에는 이미 그곳에는 지(知)가 있게 마련이라는 것이다. 이와 같은 양명학의 지행합일(知行合一)에 대한 주장은 주자학파의 성리학이 궁리치지(窮理致知)라는 이론에만 치우쳐서 유교(유학) 본연의 실천적 도덕관(實踐的 道德觀)이 희석되어 가는데 대한 학문적 반동의 흐름이라고 할 수 있다. 결국 양명학의 이론에는 반드시 실천(實踐)이 다시 말하면 실행(實行)과 체험(體驗)이 뒤따라야 한다는 생각이 강하게 들어 있는 것으로 파악된다.

주자학은 우주질서를 정적인 것으로 설명하여 안정된 군신부자관계(君臣父子關係)를 유도하려는 생각인데 반하여 양명학은 주자학보다 주관성이 강함으로 외적인 제어장치(制御裝置)가 없어서 자칫하면 열광적인 성격을 지니게 된다는 결점이 있다. 행동 없는 지식은 무의미하므로 실천철학적인 성격이 강하게 나타나고 있다.

그렇다면 이와 같은 중국의 유교문화의 본질과 흐름에 우리나라의 전통문화는 어떻게 영향을 받아 왔을까에 대해서 잠시 살펴보기로 한다.

우리나라의 고려후기 충렬왕 16년에 안향(安珦: AD 1243~1306)이 중국 연경(燕京: 지금의 북경)에 들러 주자(朱子)의 저술을 필사(筆寫)해 옴으로써 우리나라 유교는 주자학을 중심으로 파급, 심화되어 갔다고 보인다. 주자학은 예로부터 노장사상(老莊思想)과 불교(佛敎)의 가르침 및 춘추전국시대의 제자백가사상(諸子百家思想) 등 여러 사상과 학파가 난무, 그 소용돌이 속에서 서로 견제하고 보완하면서 진화되어왔다.

그러한 흐름에 우리나라는 오로지 주자학을 중심으로 한 성리학(性理學)을 고수해 왔으며, 다른 사상이나 학파는 대체로 이단시(異端視)했던 것으로 전해지고 있다.

이와 같은 현상은 왜 야기되었을까? 주요원인은 외래문화에 대한 학문적 호기심이 희박해서이냐? 아니면 사상적 주체성이 강해서이냐 등을 생각해 볼 수 있는데, 학자들에 의하면 우리나라는 그 당시 학문적 폐쇄성이 주요원인 중의 하나라고 지적하고 있다.

조선왕조의 건국과 더불어 유교(儒敎)가 국시(國是)로 정해짐에 따라 불교(佛敎)는 물론이거니와 주자학과 대립되는 양명학도 배척되어 우리의 유교는 주자학으로 일원화되어 조선왕조 5백 년 동안 통치(統治)의 기본이념(基本理念)으로서 자리를 잡게 되었던 것이다.

우리 종친들이 여기서 특별히 관심을 갖는 것은 그동안 우리가 이러한 내용의 유교(성리학을 근간으로 하는 주자학)를 도입한 것이 우리의 전통문화와 생활에 어떠한 영향을 미쳤을까하는 점일 것이다. 첫 번째 영향은 경전중심의 끝없는 궁리사상(窮理思想)의 추구는 공허한 학풍을 수없이 일으켜 조선조 당파싸움(南北老少)과 사색당파(四色黨派)의 원동력이 되었다는 점을 들 수 있다. 두 번째로 영향을 미친 것은 그러한 유교사상은 학문하고 사색하는 사대부(士大夫)를 정점으로 하여 직업계층을 만들었는데, 사농공상(士農工商)이라는 종렬적인 직업계층으로서 생산 활동을 하는 직종을 하위계층으로 종속시켰던 것이다.

조선왕조 후기에 신진 선비들에 의해서 실학사상(實學思想: 성리학의 한계성을 느낀 민생을 위한 실천학문)이라는 것이 생성되기도 했으나, 그 당시의 위정자나 사회 풍조로 보아 실사구시(實事求是)적 실학사상(實學思想)이 이해될 수도 없고, 오히려 이들을 박해까지 한 사실을 우리는 역사를 통하여 잘 알고 있다. 이러한 직업에 대한 귀천의식이 오늘날에도 우리사회에 아직까지 뿌리 깊게 남아있다는 사실을 우리 종친들은 심각하게 생각하고, 이의 개선을 위한 노력과 인식의 전환이 있어야 할 것이다.

또한, 우리 종친들은 그동안 생활화 되어있는 유교문화에 대해 오늘날의 사회경제적인 생활과 어떻게 조화시켜 나갈 것인지에 관해서 깊은 성찰이 요구되고 있다고 하겠다. 사실 전통유교사상과 윤리의식에 대해서 일부 청·장년층의 종친들은 정신적 시련과 고뇌 속에서 이를 어떻게 받아들여야 하는 지에 대해서 갈등하고 있는 것이 현실이다.

따라서 우리 종친들의 이성과 정서가 이 문제를 어떻게 합리적으로 융화, 발전시켜나갈 것인가는 금후 깊이 있는 연구와 함께 온고이지신(溫故而知新)의 노력이 경주되어야 한다.

특히 유교문화의 가장 오랜 전통으로서 우리의 예절문화(禮節文化)와 윤리의식(倫理意識)을 드높여 온 것 중의 하나는 조상 숭배사상(崇拜思想)에 의한 제사(향사)문화였다고 생각된다. 우리 종친들이 그동안 조상의 위업과 훌륭한 정신(넋)을 기리고, 존중하는 조상존경문화(祖上尊敬文化)를 면면이 지켜올 수 있었던 것은 우리의 가족사회(家族社會)와 국가사회(國家社會)의 기본질서(基本秩序)를 유지시켜주는 중요한 역할을 담당하고 있는 훌륭한 전통으로서 오늘날 개인주의(個人主義) 사조가 팽배하고, 서구화로 인한 고유의 윤리, 도덕관념이 희박해져가는 시대라 하더라도 우리가 조상을 존경하는 훌륭한 전통과 문화는 숭조정신(崇祖精神)의 구현을 통하여 지속적으로 창달(暢達)되어야 할 것으로 판단된다.

7. 21세기의 유교사상(儒敎思想)이
현대인의 의식(意識)변화에 미치는 영향 (상)

　최근의 세계정세(世界情勢)는 21세기 이래 인류(人類)의 삶을 충족시킬 수 있도록 물질(物質)과 제도적 측면에서 괄목할 만한 성장(成長)과 발전(發展)이 있었다고 볼 수 있으나 아직도 지구촌 일부에서는 환경파괴, 전쟁 그리고 양극화(兩極化)와 같은 문제들이 발생함으로써 우리 인류의 미래를 위협하고 있다는 것이 오늘날의 현실이 아닐까 생각된다.

　그러므로 오늘날과 같은 세계 자본주의(資本主義)는 큰 질적인 변화와 발전이 없는 한 앞으로 위태로운 행보를 보일 개연성이 많을 것으로 우려된다고 하겠다. 이제는 제도나 물질만으로는 이와 같은 당면한 문제들을 해결해 나가는 것은 어려운 시기에 봉착하지 않았나 판단된다. 앞으로는 무엇보다도 인류의 의식(意識)과 사유(思惟)방식의 변화와 생활방식의 혁신(革新)과 발전(發展)이 절실히 요구되는 것으로 믿어진다.

　따라서 이를 위해서는 첫째, 물질중심(物質中心)사회로부터 인간중심(人間中心)사회로의 변화(變化)와 발전(發展), 둘째, 자기중심(自己中心)의 의식과 자신만을 위한 삶의 태도를 벗어나 타인들과 함께 삶을 영위해 나갈 수 있는 의식의 변화, 셋째, 진정한 믿음생활의 개혁(改革)을 통한 보편적인 현대인들의 마음의 평안(平安)을 추구해 나가는 것이 매우 중요할 것으로 생각한다.

특히, 중국의 장구한 역사와 문화 속에서 혜성처럼 등장한 유교사상의 창시자 공자(孔子: BC 552~479) 이래로 약 2500년의 시공을 초월해서 가르쳐온 인애사상(仁愛思想)의 가르침을 21세기를 살고 있는 현대인들이 익혀오며, 오늘날에 이르러서 살아가고 있다고 볼 수 있을 것이다. 지금도 진보적 삶과 긍정적으로 우리 인류가 올바르게 나가야 할 정도(正道)와 비전을 제시했던 유교사상(儒敎思想)을 현대인들은 제대로 익힘으로써 나 자신과 함께 살아가야 할 이웃들을 사랑하는 구체적인 방법을 배워야 할 것이다. 그러므로 그동안 우리 종친들의 의식과 사유를 규율(規律)해오고 있고, 21세기를 살아가고 있는 지금도 영향을 미치고 있는 전통적인 유교사상과 문화의 본질(本質)은 무엇일까? 그리고 중국에서 유교(儒學)가 발생하고 발전해 오게 된 역사적 배경은 어떻고, 시대의 변화와 함께 어떻게 우리의 일상생활에 영향을 미쳐왔으며, 오늘날 현대인들의 사유와 의식에 어떻게 영향을 미쳐왔는가 등에 관해서 앞으로 3회에 걸쳐 종친들과 함께 성찰해 본다.

오늘날 전국의 500만 우리 박씨 종친들은 천강성(天降姓)을 가진 성손(聖孫)으로서의 자긍심을 갖고, 수많은 명현선조님들의 위업(偉業)과 훌륭한 정신(넋)을 기리고 본받으면서 활기찬 삶을 영위하고 있다. 또한, 우리 종친들은 유구한 역사 속에서 조상대대로부터 21

세기의 오늘날에 이르기까지 경로효친(敬老孝親)문화를 지켜오면서 조상님들을 숭모하는 조상숭배사상(祖上崇拜思想)도 구현하는 전통적인 유교문화(儒教文化)를 향유해 오고 있다는 것이 우리 고유의 전통이고 생활방식이었다고 볼 수 있다.

우리나라의 근현대사가 시작되었던 20세기 초 이후 우리사회는 급격히 개인주의와 서구문화(西歐文化)가 유입되면서 전통사회(傳統社會)에 영향을 미치게 됨으로써 기존의 생활문화 자체가 크게 변질되어 가고 있는 작금의 상황에서 볼 때, 그동안 약 2500년을 면면이 이어온 유교사상의 윤리적 원천이 어떤 모습으로 자리 잡아 왔으며, 앞으로 어떻게 변화, 발전해 갈 것인가에 대해 큰 관심을 갖게 됨으로 이에 대한 깊은 성찰과 연구가 요망되고 있다.

우리 종친들도 주지하는 바와 같이 유교는 BC 3~4세기경 중국 춘추시대에 공자에 의해 창시, 사서(논어, 맹자, 중용, 대학)와 삼경(시경, 서경, 주역)을 경전으로 하고 유학(儒學)을 받드는 교로서 전해진다. 일반적으로 유교는 일부 계층에서 종교로 보는 시각도 있으나, 다른 한편으로는 종교가 아니라 유학으로 보는 시각이 지배적인 관점이라는 사실이다.

만일 종교로서 지칭할 경우에는 특정의 신(神)을 전제로 한 일신교적 가치관이나 윤회전생(輪廻轉生)의 업보관(業報觀)에서 보면 유교를 종교로 보기에는 무리가 있다고 보인다.

그러나 살아있는 인간의 윤리도덕(倫理道德)을 강조하는 유학 개념은 속성상 조상(祖上)또는 천지(天地)에 대해서 제사를 지낸다는 요소가 강하게 내제되어 있다는 점을 유의해야 할 것이다. 그리고 유교의 핵심가치(核心價値)와 사상은 인애사상(仁愛思想)으로서 충서(忠恕)와 덕행(德行)과 효행(孝行)의 도리를 다하는 것을 최선의 가르침으로 삼고 있다.

그동안 21세기의 현대인들에게 존경받아 온 서구의 석학(碩學)들도 공자의 적극적이고 개혁적인 정신에서 인류는 다시 태어나야 한다고 주장하고 있다. 특히 아브라함 링컨(Abraham Lincoln: AD 1805~1865)의 유명한 말인 '국민을 위한, 국민에 의한, 국민의 정치'라는 말도 근원적으로는 공자의 평등사상(平等思想)에 바탕을 둔 것이라고 평가하고 있다.

또한, 유교사상 중 '개인의 권리(權利)와 평등사상'은 17세기 이후 서양문화에도 영향을 주었는데, 아인슈타인(Albert Einstein: AD 1879~1955)의 '상대성 이론(相對性 理論)'이나 토마스 제퍼슨(Thomas Jefferson: AD 1743~1826)이 기초한 미국의 '독립선언문(獨立宣言文)'에 영향을 주었고, 한국, 일본은 물론 최근 중국이 사회, 경제적으로 급격히 성장, 발전하는 것도 공자의 유교사상에 문화적 기반을 두고 있기 때문이라고 전해지고 있다.

21세기의 유교사상(儒敎思想)이
현대인의 의식(意識)변화에 미치는 영향(중)

　전통적인 유교는 역사적으로 볼 때 고대 중국의 한(漢)나라에서 당(唐)나라에 이르기까지 유교경전(儒敎經典)의 뜻을 해석만하는 훈고학(訓詁學)이 주류를 이루어왔으나 노장사상(老莊思想: 무위자연사상)과 심오한 외래불교의 교리에 자극, 영향을 받아오던 중에 12세기경에 들어서서 남송(南宋)의 주희(朱熹) 등이 나타나 사변과 실천의 철학체계를 창설하게 된다.

　그리고 주자학에 의하면 우주의 모든 물질은 기(氣)라고 하는 균일한 미소물질로 구성되어 있다고 한다. 그런데 움직이고 있는 물질이 양(陽)이요 정지하고 있는 것이 음(陰)이라고 한다. 이러한 음과 양의 결합이 오행(五行: 목, 화, 토, 금, 수)이 되어 여기서 우주만물이 형성된다고 한다. 이와 같은 우주법칙(宇宙法則)은 이미 정해져 있어서 그렇게 시키는 현상을 이(理)라고 한다. 여기서 이(理)란 우주에 편재되어 있기 때문에 따라서 학문하는 사람의 목적은 궁리(窮理) 즉, 이(理)를 끝까지 규명하는 것이어야 한다는 것이다.

　우주질서로서의 이(理)는 우리들 앞에 삼강오륜오상(三綱五倫五常) 또는 예(禮) 등으로 나타나서 그 질서파괴는 천리(天理)에 어긋나 결코 용납되지 못한 것으로 규정하고 있음을 알 수 있다. 그러므로 주자학에서 명분(命分)과 절의(節義)가 소중히 여겨지는 이유가 바로 여기에 있는 것이다. 주자학에서는 질서를 소중히 여기고, 절대시하고 있는데 이는 위정자들에게는 편리한 철학 사상이었으므로 역사적으로 볼 때 유교문화권에 속하는 중국, 한국, 일본에서 여러 왕조에 걸쳐서 위정(爲政)의 주요 이념적 토대가 되었던 것으로 판단된다.

이와 같은 사실을 좀 더 살펴보면 대표적으로 중국의 남송시대에 충신 문천상(文天祥, AD 1236~1282)의 경우 원(元)나라의 세조인 쿠빌라이(AD 1260~1294)가 중국을 무력으로 제압했으나 문천상의 근왕정신(勤王精神)을 끝내 제압하지 못했다.

우리나라의 경우에는 조선왕조(朝鮮王朝) 5백 년 동안 선비정신의 근본을 이루어 온 것이 바로 주자학이었으며, 일본의 경우에는 명치유신(明治維新)에 의한 왕정복고(王政復古)의 원동력도 여기에서 연유(緣由)되었다는 것이 통설(通說)로 되어있다.

우리사회에 전통적인 유교사상(儒敎思想)이 뿌리 깊게 자리 잡고 있다고 볼 수 있는 오늘날에도 주희(朱熹, AD 1130~1200)는 우리 종친들이 의식하든지 의식하지 않든지 간에 우리의 일상생활(日常生活) 전반에 걸쳐서 영향을 주고 있는 인물이라고 생각한다.

유교 또는 유학이라고 할 때에는 통상적으로 주자학에서 연유되는 경우가 많고, 더욱이 우리나라의 경우에는 전통문화(傳統文化)에 깊이 영향을 미치고 있는 것이 사실이다.

중국의 춘추전국시대(BC 770~403) 이후 중국 고래의 대표적인 사상인 유교는 앞에서 살펴본 바와 같이 인애사상(仁愛思想)을 모든 도덕을 일관하는 최고의 이념으로 삼고, 수신제가(修身齊家), 치국평천하(治國平天下)의 실현을 목표로 하고 있으며, 수천 년 동안 중국은 물론 우리나라와 일본 등 동양의 사상과 문화에 지대한 영향을 미쳐왔다.

그런데 이러한 유교의 핵심적인 가르침과 사상을 말할 경우에는 주자학(朱子學)과 더불어 양명학(陽明學)을 고려하지 않을 수 없다.

일반적으로 주자학이나 양명학에서 자주 인용하는 용어 중의 하나로서 격물(格物)이라는 중요한 말이 있는데, 이 말의 본래의 뜻이 명확히 밝혀지지 않고, 매우 생소하여 그동안 2천여 년을 지내오면서 유학계의 학자들의 논쟁대상(論爭對象)이 되어왔다.

다시 말하면, 유교의 역사적 흐름에서 보면 유교경전(儒敎經典)의 뜻을 해석만 하는 훈고학적 전통이 남송(南宋)시대에 와서는 정주학파의 출현으로 사상적인 철학체계로 정립되었으며, 이어서 명(明)나라 시대에 이르러서는 왕양명에 의해서 진일보한 실천철학(實踐哲學) 체계가 확립되었던 것이다. 이와 같은 양명학의 핵심을 이루는 이념에는 치양지(致良知)와 지행합일설(知行合一說)이라는 주장이 있다.

그러나 여기서 말하는 양지(良知)란 사람이 천성으로 타고난 지혜를 말하며, 이 지혜는 누구나 모두 원천적으로 갖고 있으므로 이를 올바르게 이루어 놓은 것이 치양지라는 것이다. 사람들은 일상적으로 생각만으로는 범죄가 될 수 없다고 하지만 생각 자체가 바로 행동이 될 수 있으므로 생각자체에도 불손(不遜)한 것이 없도록 수양(修養)하는 것이 곧 양명의 주장이며, 철학으로서 지(知)와 행(行)은 별개의 개념이 아니고 같은 것이라는 주장이다.

따라서 좋은 빛(光)이라는 판단작용(判斷作用)은 이미 좋아한다는 행(行)의 작용을 내포하고 있으므로 좋아하는 것은 필연적으로 좋은 빛에서 도출되어야 한다는 것이다.

예를 들면 나쁜 냄새라고 하는 판단은 곧 싫어한다는 행을 내포하고 있는데, 마찬가지로 싫어한다는 것은 나쁜 냄새에서 나온다는 것이다.

그래서 결론적으로 양명학(陽明學)의 실천철학(實踐哲學)에서 보면 지(知)는 행(行)의 시작이요, 행은 지의 완성(完成)이라고 말할 수 있다는 것이다.

그동안 우리사회에 전통적인 유교사상과 문화가 뿌리깊이 자리잡아 왔을 뿐만 아니라 21세기를 살아가는 오늘날에도 유교의 가르침 중 한축인 성리학파의 주자학(朱子學)은 우리 종친들의 의식과 사유 및 생활방식에 크게 영향을 미쳐온 바, 이러한 유교사상은 공자(孔子)의 핵심적 가르침인 인애사상(仁愛思想)을 근본으로 하고 있고, 이는 모든 도덕(道德)을 일관하는 최고의 가치와 기본이념으로 삼고 있어 현대인들은 이러한 진보적 가르침을 귀감(龜鑑)삼아야 할 것이다.

21세기의 유교사상(儒敎思想)이
현대인의 의식(意識)변화에 미치는 영향(하)

전국의 500만 우리 박씨 종친들도 주지하듯이 그동안 성리학(性理學)과 더불어 유교사상의 한 축을 이루어 온 양명학(陽明學)이 주장하는 것은 지(知)를 말할 때에 그곳에는 이미 행(行)이 존재하고 있으며, 행(行)을 말할 때에는 이미 그곳에는 지(知)가 있게 마련이라는 것이다. 이와 같은 양명학의 지행합일(知行合一)에 대한 주장은 주자학파(朱子學派)의 성리학(性理學)이 궁리치지(窮理致知)라는 이론에만 치우쳐서 유교(유학) 본연의 실천적 도덕관(實踐的 道德觀)이 희석되어 가는데 대한 학문적 반동의 흐름이라고 할 수 있다.

결국 양명학의 이론에는 반드시 실행(實行)과 체험(體驗)이 뒤따라야 한다는 생각이 강하게 들어 있는 것으로 파악된다. 사실 주자학(朱子學)은 우주질서(宇宙秩序)를 정적인 것으로 설명하여 안정된 군신부자관계(君臣父子關係)를 유도하려는 생각인데 반하여 양명학은 주자학보다 주관성이 강함으로 외적인 제어장치(制御裝置)가 없어서 자칫하면 열광적인 성격을 지니게 된다는 결점이 있다. 그러므로 행동 없는 지식은 무의미하므로 실천철학적인 성격이 강하게 나타나고 있다.

그렇다면 이와 같은 중국의 유교문화의 본질(本質)과 흐름에 우리나라의 전통문화(傳統文化)는 어떻게 영향을 받아왔을까에 대해서 잠시 살펴보기로 한다.

  우리나라의 고려후기 충렬왕 16년에 안향(安珦: AD 1243~1306)이
중국 연경(燕京: 지금의 북경)에 들러 주자(朱子)의 저술을 필사(筆寫)해
옴으로써 우리나라 유교는 주자학을 중심으로 파급, 심화되어 갔
다고 보인다. 주자학은 예로부터 노장사상(老莊思想)과 불교(佛敎)의
가르침 및 춘추전국시대(春秋戰國時代)의 제자백가사상(諸子百家思想)
등 여러 사상과 학파가 난무, 그 소용돌이 속에서 서로 견제(牽制)하
고, 보완(補完)하면서 진화되어왔다.

  그러한 흐름에 우리나라는 오로지 주자학을 중심으로 한 성리학
(性理學)을 고수해 왔으며, 다른 사상이나 학파는 대체로 이단시(異
端視)했던 것으로 전해지고 있다.

  이와 같은 현상은 왜 야기되었을까? 주요원인은 외래문화에 대한
학문적 호기심이 희박해서이냐? 아니면 사상적 주체성이 강해서이
냐 등을 생각해 볼 수 있는데, 학자들에 의하면 우리나라는 그 당
시 학문적 폐쇄성이 주요원인 중의 하나라고 지적하고 있다.

  조선왕조의 건국과 더불어 유교(儒敎)가 국시(國是)로 정해짐에 따
라 불교(佛敎)는 물론이거니와 주자학과 대립되는 양명학도 배척되
어 우리의 유교는 주자학으로 일원화되어 조선왕조 5백 년 동안
통치(統治)의 기본이념(基本理念)으로서 자리를 잡게 되었던 것이다.

  우리 종친들이 여기서 특별히 관심을 갖는 것은 그동안 우리가
이러한 내용의 유교(성리학을 근간으로 하는 주자학)를 도입한 것이 우

리의 전통문화와 생활에 어떠한 영향을 미쳤을까 하는 점일 것이다. 첫 번째 영향은 경전중심의 끝없는 궁리사상(窮理思想)의 추구는 공허한 학풍을 수없이 일으켜 조선조 당파싸움(南北老少)과 사색당파(四色黨派)의 원동력이 되었다는 점을 들 수 있다. 두 번째로 영향을 미친 것은 그러한 유교사상은 학문하고 사색하는 사대부(士大夫)를 정점으로 하여 직업계층을 만들었는데, 사농공상(士農工商)이라는 종렬적인 직업계층으로서 생산 활동을 하는 직종을 하위계층으로 종속시켰던 것이다.

조선왕조 후기에 신진 선비들에 의해서 실학사상(實學思想: 성리학의 한계성을 느낀 민생을 위한 실천학문)이라는 것이 생성되기도 했으나, 그 당시의 위정자나 사회 풍조로 보아 실사구시(實事求是)적 실학사상(實學思想)이 이해될 수도 없고, 오히려 이들을 박해까지 한 사실을 우리는 역사를 통하여 잘 알고 있다. 이러한 직업에 대한 귀천의식(貴賤意識)이 오늘날 에도 우리사회에 아직까지 뿌리 깊게 남아있다는 사실을 우리 종친들은 심각하게 생각하고, 이의 개선을 위한 노력과 인식의 전환이 있어야 할 것이다.

또한, 우리 종친들은 그동안 생활화 되어있는 유교문화에 대해 오늘날의 사회경제적인 생활과 어떻게 조화시켜 나갈 것인지에 관해서 깊은 성찰이 요구되고 있다고 하겠다. 사실 전통유교사상과 윤리의식에 대해서 일부 청, 장년층의 종친들은 정신적 시련과 고뇌 속에서 이를 어떻게 받아들여야 하는 지에 대해서 갈등하고 있는 것이 현실이다.

따라서 우리 종친들의 의식(意識)과 정서(情緒)가 이 문제를 어떻게 합리적으로 융화, 발전시켜나갈 것인가는 금후 깊이 있는 연구와 함께 온고이지신(溫故而知新)의 노력이 경주되어야 할 것이다. 그러나 근래에 21세기를 살아가는 현대인들이 실천적 도덕관을 갖고, 실사구시(實事求是)의 변화된 이성(理性)과 의식을 갖으면서 인간존중 의식과 이웃과 함께 살아가는 운명 공동체의식을 갖고 삶을 영위해 가는 현상을 보이는 실상들은 분명, 기본적으로 널리 사람을 사랑하고, 희망찬 미래사회를 향한 실천적 삶을 꾸준히 가르쳐오고 있는 전통 유교사상과 문화에 긍정적으로 영향을 받은 결과가 아니겠느냐 라고 판단된다.

그러므로 21세기를 살아가는 현대인(現代人)들이 실천적 도덕관(道德觀)을 갖고 실사구시(實事求是)의 변화된 이성(理性)과 의식(意識)을 갖으면서 인간존중(人間尊重)의식과 이웃들과 운명공동체(運命共同體)의식을 갖고 삶을 영위해야 하는 바, 이를 위해서는 기본적으로 '널리 사람을 사랑하고, 희망차고, 진취적인 미래사회(未來社會)를 지향하는 실천적 삶을 가르쳐오고 있는 유교사상과 문화'를 오늘날 현대인들은 새 시대의 감각(感覺)에 부합하도록 긍정적으로 익혀나갈 수 있는 의식(意識)의 변화(變化)를 추구해 나가야 할 것으로 생각된다.

제2부

현대인들의 생활환경 변화와 불확실성 시대의 삶의 지혜

1. 친애(親愛) · 봉사하는 삶과 애종(愛宗)정신의 구현

　일찍이 석가모니 부처님의 가르침 중에 '천상천하 유아독존'이란 말이 있다. 이는 사람은 천지간에 유일하고 귀중한 존재라는 의미일 것이다. 이러한 인간은 분명히 근본(뿌리)이 있고 조상들이 있으므로 해서 오늘날의 자신이 존재하는 만큼 우리는 조상 존경, 상호 친애, 상부상조 하면서 살아갈 때 비로소 행복을 누릴 수 있고, 삶의 보람을 느낄 수 있는 것이다. 즉, 이웃들에 대해 지혜롭게 베풂과 나눔의 봉사활동을 하며 살아갈 때 가치 있는 인생을 영위한다고 볼 수 있을 것이다.

　정월대보름 경 필자는 본회 간부급 종친의 소개로 훌륭한 선행(善行)과 덕행(德行)을 펼치며, 꾸준히 봉사활동을 하는 종친을 경기도 양지의 '호심 갤러리'에서 만날 수 있었다. 헌신적인 사랑과 봉사로 이웃들에게 베푸는 삶을 살아가는 한 여성 종친을 조우(遭遇)할 기회를 가졌는데, 신선한 감동을 받았고 매우 인상적이었다.
　그 종친에 대한 느낌과 감흥은 마치 문명사회와 동떨어진 아프리카 오지에서 박애정신을 발휘하며, 봉사활동을 펼친 '앨버트 슈바이처(A. Schweitzer)' 박사의 경우나 인도의 빈민과 어린이들을 초인적인 사랑으로 보살펴온 '테레사(Theresa)' 수녀의 봉사활동의 경우와 견줄 만큼 활발히 선행과 봉사 활동을 해온 것으로 믿어졌다.

이와 같이 우리 종친 중에도 60여 평생 동안 이웃에 대한 친애와 봉사활동을 해온 여성 종친(호심 박광자, 66세, 서화 작가, 본향 밀양)이 있다는 사실을 알게 된 것은 기쁨이었고, 깊은 감명을 받았기 때문에 그러한 인상과 애종정신을 종친 여러분들과 함께 공감해 보는 것도 의미가 있다고 생각되어 이를 피력(披瀝)해 보고자 한다.

헌신적 사랑과 봉사로 베푸는 삶을 사는
여성종친·서화 예술 활동을 통해
온정의 손길을 구하는 이웃에게 사랑, 행복, 기쁨
증정하는 선행 지속

'호심(湖心)' 종친은 독실한 천주교 신자로 '마리아(Maria)'란 세례명을 갖고 있는 전통 서화 작가로서, 지난 60년대 이후 지금까지 서예, 사군자 및 민화 등의 동양화 작품을 하면서 많은 이웃들에게 사랑, 행복, 희망을 심어주고, 이들에게 직접 동양화의 습작 지도와 아름다운 감성을 키워주는 인성지도를 하면서 봉사활동을 해 왔다.

이와 같이 베푸는 삶을 시작하게 된 동기(動機)에 대해서는 '봉사활동을 하는데 있어서 그 동기가 도덕적 판단에 의하여 시작할 수 있다고 하는 독일의 철학자 임마뉴엘 칸트(I. Kant)의 윤리적 형식주의(Motivism)에 따라 할 수도 있다는 주장이 있지만 본인이 봉사활동을 하는 데에는 특별한 동기가 있어서 시작한 것이 아니라 학창시절부터 남에게 도움을 주는 생활이 이미 생활화되었고, 사랑의 손길을 필요로 하는 사람이라면 이들을 돕고 싶어서 봉사활동을 하게 되었다'라고 진지하게 밝혀주었다.

그동안 종친은 대한민국 국전과 한국 미술대전에서의 특선 등 작품 활동을 하면서 한국, 중국, 일본 및 미국, 독일, 러시아 등지에서 약 40여 차례 개인전을 개최하고, 특히 법무부 소년원 지도위원과 노인 복지관 지도위원 등으로 봉사활동을 하며, 많은 이웃들에게 사랑, 행복 그리고 기쁨을 예술혼을 불어넣어 주면서 베푸는 삶을 영위해 왔다.

그렇게 봉사활동을 할 수 있었던 열정(熱情)과 생명력(生命力)에 대해서 종친은 '우리 인간의 삶이 얼마나 위대한 것이며, 얼마나 사랑스럽고 자랑스러운 것인지 또한 인생은 아름답게 엮어갈 가치가 충분히 있다고 믿기 때문에 이웃들에게도 사랑과 행복을 함께 나누면서 산다는 것은 뜻있는 일이라고 판단된다'라고 말하면서 독일의 낭만주의 서정시인인 '헤르만 헷세(H. Hesse)'의 「행복해진다는 것」이란 시를 읊어 주었다.

......인간은 선을 행하는 한 / 누구나 행복에 이르지 / 스스로 행복하고 / 마음속에서 조화를 찾는 한 / 그러니까 사랑을 하는 한 / 모든 인간에게 세상에서 가장 중요한 것은 / 그의

가장 깊은 곳 / 그의 영혼 / 그의 사랑하는 능력이라네 /······

그리고 봉사활동을 하는 동안 특별히 보람된 일이었다고 생각되는 것은 두 가지 경우로 하나는 10여 년 전 안양 소년원에서 교도소 생활을 하는 여자 청소년 원생들을 수년간 지도해 교화시킨 다음, 이들 200여 명에게 모두 교복을 만들어 입혀 졸업시켰던 일과 얼마 전 동남아시아의 인도네시아에서 쓰나미 지진 해일로 인한 피해 주민들에게 컨테이너 3대 분량의 난민 구호 물품을 직접 마련해 전해줌으로써 그곳의 난민들에게 어려움의 일부를 도와준 일이 보람된 일로 기억된다고 회고해 주었다.

이웃을 보살피는 일, 정신적 물질적으로 돕는 일 등은 친애와 베풂이고, 행복이며, 애종정신을 구현하는 것으로서 우리 종친들이 귀감 삼아야

종친이 20대 때부터 지금까지 열정적으로 예술 활동과 봉사 활동을 병행하는 기본 정신은 무엇이며, 봉사의 주요 목적과 앞으로의 소망에 대해서는 '사람의 존재가치는 그 무엇과도 바꿀 수 없이 존귀하고, 인생은 누구에게나 행복하게 살아가야 할 의무가 있기 때문에 주위사람들 중 한 순간의 잘못으로 불행해진 사람(소년원의 원생들)들이 있다면 이들을 교화시키고, 사랑과 행복을 베풀면서 살아야겠다는 박애정신과 애종정신이 바로 본인의 생활신념이며 철학이고, 아울러 봉사활동을 하는 목적이기도 하다'라고 말했다.

앞으로의 소망이 있다면 '힘닿는 데까지 작품 활동을 더욱 활발히 해서 얻어지는 수익금은 모두 주변의 보다 많은 사람들을 돕는 데 쓰고 싶고, 특히 나의 예술혼이 담겨져 있는 작품들을 뜻있는 곳에 더 많이 기증해서 사랑, 기쁨, 행복을 널리 나누고 싶으며 남자 소년원생들에게도 교화, 지도하는 봉사활동을 해나가고 싶다'라고 소회(所懷)를 밝혀 주었다.

이처럼 호심 박광자 종친을 만나 훌륭한 선행과 덕행을 하고 있는 사실을 알 수 있는 기회를 갖게 된 것은 행운이었다고 생각된다.
그러나 필자가 과연 종친의 박애정신과 높은 경지의 봉사정신 그리고 조건 없는 사랑으로 베풂의 삶을 살아가는 참뜻 및 주요 메시지가 종친들에게 제대로 전해졌는지 조심스럽다는 것이 솔직한 심정이다.

현대 휴머니즘의 개척자인 프랑스의 극작가 '알베르 카뮈(A. Camus)'의 견해에 따르면, '사람들은 한 생애의 황혼기에 이르면 우리가 얼마나 이웃을 사랑했느냐를 놓고 심판을 받을 것이다'라고 지적한 바 있다.
흔히 사람들이 사랑한다는 것은 무엇을 뜻하겠는가. 동정과 이해심을 지니는 것, 조건 없이 자연스럽게 이웃을 돕는 일, 남에게도 너그럽고 친절한 것 그리고 부드럽고 정답게 다가가 정신적 물질적으로 돕는 것, 바로 이런 것들이 친애와 베풂이고 행복이며, 궁극적으로 애종정신을 구현하는 것이 아니겠는가.

그러므로 앞으로 우리 종친들도 '호심' 종친의 보람된 봉사 활동과 애종정신을 본받고, 더욱 친애와 돈목하는 생활을 추구해야 할 것으로 사료된다.

2. 현대인들의 생활환경(生活環境) 변화와 불확실성(不確實性) 시대의 삶의 지혜(智慧) (상)

오늘날 현대인들은 21세기의 첨단과학문명과 글로벌(Global)시대의 다문화사회(多文化社會)현상 속에서 다양성(多樣性), 전문성(專門性)이 요구되는 시대에 살고 있다. 그러므로 우리들의 생활환경과 여건은 시시각각으로 급속하게 변화와 발전을 거듭해 나가고 있는 시대 상황에 처해있다고, 볼 수 있다.

우리 종친들이 앞으로 맞이하게 될 미래생활(未來生活)은 과연 어떻게 변화될 것인지 쉽게 예단(豫斷)하기 어려운 생활환경 속에 살고 있다는 것이 바로 현재 우리종친들의 삶의 현실이라고 말할 수 있을 것이다.

그렇다면 이러한 현실 문제를 원활히 대처해 가면서 의연하게 생존할 수 있는 길(방법)은 없을까? 우리 종친들은 과연 어떤 각오와 생활자세로 삶을 영위해 나가는 것이 지혜롭고 현명하겠느냐? 라는 등의 관심사항에 대하여 적절한 대응노력이 필요할 것으로 판단된다.

이에 대하여 필자는 이와 같은 현실적이며, 미래지향적인 생활과제(生活課題)에 대해서 금후 2회에 걸쳐 종친여러분들과 함께 성찰(省察)해보는 기회를 갖는 것도 의미가 있을 것으로 생각된다.

근간에 세계적인 미래학자인 프랑스의 '자크 아탈리' 회장(현재 유럽 부흥 개발은행 총재 및 플래닛 파이낸스 회장)은 그의 저서 『살아남기 위하여(For Survival)』를 통해서 '변화, 발전과 불확실성 시대에 생존할 수 있는 기본 전략'을 연구, 제시했는데, 이를 중심테마로 종친 여러분들과 더불어 고구해 보고자 한다.

그동안 금세기의 저명한 미래학자인 그는 다가올 변화와 위기들을 전망하고, 그 위기를 기회로 만드는 구체적인 전략들을 연구, 제시한 바 있다. 즉, 1980년대부터 공산주의 약화, 각종 테러리즘의 위협, 국제정세에 대한 미래 전망뿐만 아니라 지구온난화현상과 우리나라를 비롯한 구미 각국의 금융 거품현상, 휴대폰과 인터넷 만능시대의 도래 등 사회전반에 걸친 예측을 해 온 것으로 유명하고, 그러한 예측능력이 높이 평가되고 있다.

특히, 최근 그가 예견한 향후 십년간의 주요한 사회 경제적인 변화와 발전양상은 무엇일까? 그것은 먼저 다음과 같은 인구의 팽창에 대한 예측으로써 시사하는바가 많다는 것을 종친들은 알 수 있을 것이다.

세계 인구는 현재 약 70억 명에서 약 10년 후에는 80억 명으로 늘어날 것이다. 증가하는 인구의 대다수는 아프리카에서 태어날 것이며, 인도의 인구 또한 중국을 넘어서게 될 것이다. 또한 약 10억 명이 넘는 농촌인구가 도시로 이주할 것이며, 세계인구의 2/3 가량이 도시에 거주할 것이다. 이에 따라 상수도 시설과 식량 등에 대한 새로운 수요가 폭발적으로 증가하게 될 것이다. 현재의 위기는 비약적인 발전과 도약을 이루게 될 신기술들인 나노, 바이오, 정보, 인지과학(NBIC)의 개발을 촉구하게 될 것이다.

이러한 신기술들은 에너지 관련 산업, 목축업, 의료분야, 제조업 공정 등을 획기적으로 바꿔놓을 것이다. 한편, 일주일 당, 일 년당, 근무시간은 앞으로 점점 더 짧아지지만 아마도 평생토록 일을 해야 하는 식으로 노동연한은 계속 늘어나게 될 것이다.
그리고 물가에 가해지는 압박과 기업들의 불안정성 때문에 장래에 대한 불안은 더욱 확산되고, 위협적이 될 것이다. 그 결과 취업으로 인한 스트레스는 전례 없이 가중될 것이다.

이와 같이 그는 명망 높은 미래학자로서 현대인들이 맞이하게 될 주요 사회, 문화적인 변화와 발전을 구체적으로 적시하면서 오늘을 살아가는 현대인들에게 이에 적극 대처할 것을 권고하는 메시지(message)를 전하고 있다.
우리 종친들도 차제에 이러한 우리의 생활 환경변화와 발전에 따른 적절한 상황대응 노력 등에 대해서 한번쯤 깊이 생각해 볼 필요가 있다고 판단된다.

'오늘날 유목민이나 강제 이주자, 불법 이민자, 경제 난민, 정치 망명자 그리고 도처에 산재해 있는 가장 헐벗은 사람들이 이미 오래 전부터 그렇게 해왔듯이, 앞으로 현대인들은 밀어닥쳐올 사회 경제적인 변동에 적극 대비해서 어느 도시, 어느 나라에서나 살 수 있고, 어떤 언어도 필요하다면 배워야 하고, 무슨 일이라도 할 수 있다는 각오가 되어있어야 만이 급격히 변화, 발전해가고 있고, 불확실성이 상존하는 시대를 역동적으로 살아갈 수 있게 될 것이다'라고 그는 앞으로 현대인들의 바람직한 생활태도 및 자세에 대하여 중점적으로 강조하고 있음을 우리 종친들은 간과해서는 안 될 것이라고 사료된다.

 현대인들의 생활 환경(生活環境) 변화와
불확실성(不確實性) 시대의 삶의 지혜(智慧) (하)

현대인들은 끊임없는 변화, 발전과 미래에 대한 불확실한 상황에서 강인한 생명력으로 의연하게 살아남기 위해서는 어떤 생활 자세와 각오를 갖고, 이에 적절히 대응해 나가는 생활을 견지하는 것이 바람직할 것인가? 등에 관해서 우리 종친들은 다음과 같은 몇 가지 삶의 지혜인 생존전략을 적극 유의해서 살펴보고, 이러한 지혜들이 과연 얼마나 설득력이 있고, 실현가능하며, 생활환경의 변화에 적절히 대응하는데 있어서 시사 하는 점은 무엇일까 등을 성찰해 보도록 한다.

먼저, 자긍심(自矜心)의 전략으로서 이의 주요 키워드는 '자신을 중요하게 여겨야 한다'라는 것이다. 다시 말하면, 끊임없이 자신을 성장시키고, 개혁하여 자신이 가진 최고의 능력을 끌어내면서, 자신이 현재 아는 것과 할 수 있는 것에 만족하지 말고, 쉼 없이 더 나은 존재이유를 만들어 나가야 함을 의미한다.

다음은 전력투구(全力投球)의 전략으로서 이는 '시간의 밀도를 높이는 것'을 의미하며, 매순간을 마지막 순간인 것처럼 최대한 충만하게 생활하라는 것이다.
이를 위해서는 자신의 삶을 앞으로 20년 정도 되는 기간의 인생설계(Life-Cycle Plan)를 마련해 놓아야 한다는 것이다.

세 번째는 감정이입(感情移入)의 전략으로서 이는 다른 사람을 자신이 원하는 방식으로 보지 말고, 있는 그대로 보아야 한다는 뜻이다. 즉, 감정이입은 적을 제대로 알게 하며, 따라서 적에 대한 두려움을 없애주기도 한다. 또한, 동지를 구분해주며, 네트워크 형성을 도와준다는 것을 의미한다.

네 번째는 탄력성(彈力性)의 전략으로서 이는 아무리 미래에 대한 대비를 한다고 해도 위험요소는 언제나 현실화될 수 있으므로 그러한 리스크를 가능한 한 줄이면서 충격을 견뎌나가는 힘을 기르는 것이 매우 중요하다는 것을 뜻한다.

다섯 번째는 창의성(創意性)의 전략으로서 이는 충격을 견디는 탄력성이 제대로 기능하지 않을 경우라면 '위험요소를 어쩔 수 없는 현실로 받아들이고, 이를 다시 재기하는 기회로 바꾸는 능동적이면서 적극적이며, 창의적의 자세가 반드시 필요하다'라는 것을 의미한다.

여섯 번째는 유비쿼터스(Ubiquitus: 언제 어디서나 필요한 주요정보를 컴퓨터 시스템을 통해서 알거나 획득하는 행위)의 전략으로서 이는 '하나의 정체성만으로 만족하지 않고, 위험을 피하기 위해서는 지금까지의 자신이 아닌 다른 사람으로 변신할 수도 있어야 한다'라는 의미를 제시하는 전략이자 지혜인 것이다.

그리고 일상생활 과정에서 요구되는 각종 생활정보를 언제 어디서 컴퓨터 시스템을 통해서 알 수 있도록 컴퓨터 마인드(Computer Mind)를 겸비하는 생활을 해야 한다는 것이다.

마지막으로, 혁명적 사고(革命的 思考)의 전략으로서 이는 앞에서 제시한 삶의 지혜 중에서 그 어느 것도 살아남기 위한 생존을 보장해주기에 역부족이라면 '어쩔 수 없이 기존의 모든 질서를 뒤흔들기로, 모든 규칙을 전복시킬 수도 있다는 결연한 자세를 가져야 한다'라는 강력한 대응노력을 경주할 것을 권고하는 생존전략인 것이다.

앞에서 종친들과 함께 살펴본 바와 같이 지금 현대인들이 살고 있는 생활환경과 여건이 급속히 변화되어가고 있는 오늘날의 시대적인 조류 속에서 우리 종친들이 향후 역동적으로 생활해 나가기 위해서는 무엇보다도 위와 같은 삶의 지혜를 항상 유의하고, 적극적인 마음가짐과 긍정적인 생활 자세를 견지하며, 삶을 영위해 나가는 지혜가 필요할 것으로 믿는다.

일찍이 미국의 링컨대통령은 인간의 험난한 삶의 과정에서 바람직한 행복의 조건을 아래와 같이 설파(說破)한 바 있다. '인간의 행복은 삶의 온갖 시련을 극복하면서 강인한 생명력을 갖고, 부단히 노력한 결과의 산물이며, 오만함과 나태는 불행을 자초한다'라고 밝혔듯이 우리 종친들은 이 말을 의미 깊게 성찰해 볼 필요가 있다고 사료된다.

그동안 전국의 대, 소 종친회의 여러 종친어르신들은 (사)신라오릉보존회(박씨대종친회)의 종강삼시(宗綱三是)인 숭조, 애종, 육영정신의 구현이라는 훌륭한 핵심가치(核心價値)를 지닌 종친덕목(宗親德目)을 실천하는 삶을 추구하고 있는 것으로 믿어진다.

이와 같은 우리 종친들이 오늘날의 변화, 발전의 시대조류를 항상 열린 마음가짐으로 그 실상을 제대로 파악하고, 아울러 융통성 있게 대처해나가는 생활 자세를 견지해 나가는 노력을 계속한다면 현재보다도 더 나은 삶을 영위해 나갈 수 있을 것으로 믿어진다.

3. 종친 간 밝은 마음가짐의 지혜(智慧)와
애종정신(愛宗精神)의 구현(具現) (상)

　우리의 옛 속담에 '천하를 얻는다고 해도 이는 사람들에게 존경을 받고, 마음을 얻는 것만 못하다'라는 말이 있다. 이러한 말의 의미는 '온갖 권세와 부귀영화를 다 누린다고 해도 사람의 도리를 다하지 않고, 남을 배려하는 마음이 부족함으로써 원만한 인간관계를 유지하지 못하는 사람은 결코 보람되고 가치 있는 인생을 살지 못한 것과 같다'라는 메시지를 우리 종친들은 유의해야 할 것이다.

　오늘날 전국의 대, 소 종친회의 종원들은 (사)신라오릉보존회(박씨대종친회)의 회시인 숭조, 애종, 육영정신의 구현을 목표로 하는 종강삼시의 실천을 지향하면서 종친회 활동을 하고 있음은 주지의 사실이다. 특히 종친 간 친애, 돈목하면서 우정을 두텁게 하고, 화목하게 지내기 위한 애종정신의 구현은 본 종친회의 회시 중에서 가장 기본적이며, 중요시되는 덕목이라고 생각한다.

　따라서 '종친 간 밝은 마음가짐'으로 더욱 친애하고, 돈목하면서 종친회의 활성화를 도모해야 한다는 것은 재론의 여지가 없을 것이다. 그러므로 필자는 앞으로 2회에 걸쳐 우리 종친들이 가져야 할 밝은 마음가짐의 중요성과 역할 및 마음의 본바탕에 관한 지혜와 청정심 및 평정심을 가질 수 있는 방법 등에 관해서 종친들과 함께 성찰해 본다.

일찍이 우리나라의 전통 불교사상 가장 위대한 고승의 한 사람으로 의상대사(義湘大師)와 함께 신라 불교의 대중화의 선구자였던 원효대사(元曉大師, AD 617~686)는 당나라로 유학을 가는 길에 고총(古冢)에서 잠을 자다가 잠결에 달게 마신 물이 해골에 고여 있던 것임을 알게 되는 순간 '만사유심조(萬事唯心造: 모든 것은 마음이 만드는 것)'의 진리를 깨달은 바 있다. 또한, 공초 오상순은 감옥에 앉아서도 '앉은 방석이 꽃방석'이라며, 자족했다는 말은 널리 알려져 있다. 이와 같은 경우를 불교에서는 심즉불(心卽佛)이라고 하였으니 이는 내 마음이 곧 부처란 뜻일 것이다.

이런 경우를 고려해 보면 마음이 가면 몸도 따라가는 것이 불변의 이치임을 알 수 있다. 그러므로 심지어는 마음의 병은 결국 몸의 병을 가져오기도 하기 때문에 요즈음 우리 사회 일각에서는 본성심(本性心)을 연구하고, 밝은 마음과 평온한 마음을 되찾고자 하는 평정심(平靜心)의 탐구에 많은 관심과 노력을 하고 있는 등 마음의 밭을 갈고 닦는 마음수련을 열심히 하고 있다는 사실을 우리 종친들은 새삼 인식해야 할 것이다.

이와 같은 실정을 감안하여 종친들이 본격적으로 마음수련을 해야 할 필요성을 느낀다면 구체적인 시행방법을 살펴보기에 앞서 동서고금을 막론하고, 마음가짐의 중요성을 강조하고 가르침을 주고 있는 선현들의 지혜를 잠시 살펴보는 것이 유익할 것으로 판단된다.

먼저, 중국 전국시대의 사상가인 장자(莊子, BC 365~270)는 동양문화와 사상에 영향을 크게 미쳐왔던 무위자연사상(無爲自然思想)을 밝힌『장자』의 내편(內篇)을 통해서 이르기를 '사람들이 인간답게 살고, 올바른 길을 가면서 살아가려면 반드시 마음의 본바탕(본성심)을 잃지 않는 것이다'라고 하면서 항상 '소요유(逍遙遊)의 마음'을 갖고 인생을 넓고, 길게 내다보면서 살아야 한다고 가르치고 있다.

여기서 소요유의 마음이란 마음이 가는 데로 물 흐르듯이 자연스럽고, 유유자적하는 마음을 갖고 노닐게 하는 것을 뜻하는데, 이는 마치 불교의 무소유(無所有)나 유교의 낙천안명(樂天眼明) 경지의 마음가짐과 같다고나 할까?

그러나 사람들이 이러한 경지에 이르기 위해서는 사물의 대, 소를 초월하고 참된 깨달음을 가지고 소요해야만 가능한 일이 아닐까? 라는 생각을 갖게 하기도 한다.

또한, 유교를 일으킨 공자(孔子, BC 552~479)에게 사람의 기본적인 도(道)와 인간의 예절문제(禮節問題)를 가르친 바 있는 중국 춘추시대 주나라의 사상가인 노자(老子)는『도덕경(道德經)』제3장을 통해서 '사람의 마음의 중요성'에 대해서 '언제나 정치인들이 정치를 하는 경우에는 항상 일반 백성들을 무지하고, 무욕하게 만들어 두는 행태를 자행하는데, 그 방법은 백성의 마음을 공허(空虛)하게 하고, 분별력을 떨어뜨려 의식을 약화시키면서 배를 충실하게 한다'라고 하면서, 정치하는 사람들의 간교한 술책을 비판하고 있다.

그리고 유태인 5천 년 역사의 지혜와 정신의 보고인『탈무드

(TALMUD: 위대한 연구)』의 '마음'편에 의하면 '인간은 인체의 모든 기관이 마음에 좌우되고 있다. 사람의 마음은 보고, 듣고, 걷고, 서고, 기뻐하고, 굳어지고, 부드러워지고, 한탄하고, 좌절하고, 거만해지고, 남에게 설득 당하고, 사랑하고, 미워하고, 부러워하고 반성한다. 그러나 자신의 마음을 잘 다스리고, 통제할 수 있는 사람만이 가장 강한 인간이라 하겠다'라고 사람의 마음의 역할과 중요성을 강조하고 있다. 이와 같은 탈무드에서의 가르침은 곧 동양문화와 사상에서 강조하고 있는 '만사유심조' 정신과 일맥상통하다고 하겠다.

한편, 러시아의 대문호인 '레오 톨스토이(LEO N. TOLSTOI)'는 그의 저서 『마음의 문을 여는 지혜』에서 '사람이 행복해 지려면 자신의 마음을 공허(空虛)하게 하지 말고 충실히 해야 하며, 항상 재물의 여유보다도 마음의 여유를 가져야 한다'라고 갈파한 바 있다.

종친 간 밝은 마음가짐의 지혜(智慧)와
애종정신(愛宗精神)의 구현(具現) (하)

우리 종친들은 애종정신을 구현할 때에 중요시되는 사람들의 마음가짐의 역할 등에 관해서 동서고금의 선현들의 가르침을 개괄적으로 나마 파악할 수 있었을 것이다.

여기서 그동안 많은 선각자들이 깨달음을 통해 터득한 '사람의 마음(Human Mind)'에 관한 본성(本性)의 실체를 좀 더 심도 있게 살펴보면 다음과 같다.

즉, '인간은 본래 원초적 본능에 의해서 이 세상에 태어나면서부터 완전한 진리(眞理)의 존재(存在)이다'라고 전해지고 있다. 그리고 사람이 이 세상에 태어난 이유(理由)와 목적(目的)은 완성되는 것이고, 이렇게 완성되는 것은 살아가는 것이며, 또한 죽지 않는 것이고, 이것은 진리의 몸과 마음으로 다시 태어나는 것이라고 알려져 왔다.

다시 말해서, 이것은 '사람들의 본래의 마음은 우주(宇宙) 이전의 우주, 순수허공(虛空) 자체인 진리이며, 이러한 존재는 영원(永遠) 이전에도 있었고, 현재 지금도 있으며, 영원 후에도 있는 항상 생명력(生命力)이 있는 비물질적 실체(實體)'라고 일컬어지고 있다.

그러므로 본 필자가 생각하기에도 '사람의 마음'이라는 이 존재는 물질이 아니라 사람들이 스스로 볼 수도, 들을 수도, 만질 수도, 냄새도, 형태나 색깔도 없으나, 살아있으면서 영생불멸(永生不滅)의 존재로 삼라만상(森羅萬象)은 이 존재(사람의 마음)로부터 출발하여 인식(認識)되는 것이 아닐까?

흔히, 사람이 몸과 마음이 있듯이 마음이라는 존재도 나름대로의 몸과 마음에 있어서 천지만상(天地萬象)은 마음이라는 존재의 몸과 마음의 표상(表象)인 것이다.

따라서 이 존재를 본심인 본마음(本性) 또는 참마음(眞心)이라고도 하는데 종교적으로 볼 때 하느님이나 부처님의 말씀(가르침)들도 '사람의 마음을 밝고, 맑게 닦아 잘 다스리는 삶을 산다면 이는 곧 사람답게 사는 길에 이를 수 있게 될 것'이라는 의미일 것이다. 다시 말하면, 우리종친들이 일상생활 과정에서 다양한 신앙생활을 하면서 삶을 영위하고 있는데 각각의 종교적인 교리(敎理)를 통해서도 알 수 있듯이 우리의 마음을 밝고, 맑게 다스리는 삶을 계속할 수만 있다면 평안한 삶, 행복한 삶을 영위할 수 있게 될 뿐만 아니라 현실적으로 인생을 마감한 다음의 생(삶)에 있어서도 천국(天國)이나 극락세계(極樂世界)에 다다를 수 있는 경지(境地)에 이르게 될 것이라고 생각한다.

그러나 많은 사람들이 이러한 참마음과 맑고 순수한 마음을 갖고, 생활하지 못하는 것은 평소에 자기가 만든 허상(虛像)의 세계 속에서 살아가고 있기 때문이라는 데 심각한 문제가 있다고 판단된다.

일반적으로, 사람들은 현재 땅을 밟고 살고 있으니까 이 세상에 사는 줄 알고 있지만 눈으로 보고 느낌과 동시에 사진(寫眞)을 찍어서 자신이 스스로 만드는 그 사진 속에 살고 있다는 것이 현실적인 인식의 세계인 마치 세상의 것을 마음속에 모두 간직해 갖고는 결국 진실이 담겨져 있지 않은 허상의 사진세계(寫眞世界)에 살고 있는 것이나 다름없으니 이러한 자기 자신도 실체적 존재가 아닌 사진과 같은 생명력이 없는 존재일 수가 있는 것이다.

그러므로 우리 종친들이 평소에 만들어진 '마음의 세계'를 잘 다스리고 잘 가꿀 수 있으면 원래의 본성으로 돌아갈 수 있게 되고, 이 자체의 몸과 마음으로 거듭나 영생불멸(永生不滅)의 존재가 될 수 있으므로 이러한 경지가 바로 우리 인간이 이 세상에 태어난 이유와 목적이며, 사람다운 사람으로 완성될 수 있다고 생각되는 이유이기도 하다.

그렇다면 현실적으로 볼 때, 마음을 잘 다스려 밝은 마음, 맑은 마음을 가질 수 있는 마음수련의 방법으로는 어떤 것이 있을까? 우선 우리나라의 전통기법으로 삼국시대 때부터 전래되어 온 국선도(國仙道)를 들 수 있는데, 이는 단전호흡(丹田呼吸)을 기본으로 몸에 무리가 가지 않는 동작으로 기(氣)의 순환을 도와주면서 밝은 마음가짐을 가져오게 할 수 있는 것으로 전해지고 있고, 몸과 마음을 다스릴 수 있는 108배(절) 수행방법이 있다.

대중적인 방법으로는 마음가짐을 평안히 갖고, 밝은 마음을 가져올 수 있게 하는 명상기법(冥想技法)이 선호되고 있다.

그런데 명상은 쉬운 듯하면서도 의외로 접근하기가 쉽지 않은 면이 있기 때문에 전문적인 단계를 밟아 배우고, 깊이 있게 수련해야 제대로 명상의 경지에 다달아 소기의 목적을 이루게 될 수 있다고 한다.

사실 그동안 우리 종친들은 역사적으로 위대한 업적을 남겨 국가와 민족을 위해 헌신적으로 살아온 수많은 명현 선조님들의 후손으로서, 선조님들의 위업과 정신(넋)을 기려 선조님에 대한 현창사업(顯彰事業)을 하면서 숭조정신(崇祖精神)을 구현하는 한편, 종친 상호간에 친애하는 애종활동(愛宗活動)을 구현하고 있는 종친회의 종원들로서, 정통성(正統性)을 지키고, 자긍심(自矜心)을 갖고 삶을 영위하고 있다고 믿어진다.

따라서, 우리 종친들은 앞으로 굳게 닫힌 '마음의 문'을 활짝 열고, 종친 상호간 밝은 마음, 맑은 마음으로 더욱 화합, 친애하면서 애종정신(愛宗精神)을 구현하는 생활을 영위함으로써 성손(聖孫)의 기본 도리를 다하는 종친으로 거듭나야 할 것으로 판단된다.

4. 현대인들의 정신건강(精神健康)과
스트레스를 해소(解消)시키는 슬기 (상)

오늘날 우리 종친들은 첨단과학 문명사회에 살면서 과학기술의 발달과 생활 편의시설의 발전 등으로 일상생활의 불편을 거의 겪지 않을 정도로 편리하고 풍요로운 삶을 만끽하고 있지 않나 생각된다.

그렇지만 다른 한편으로는 날로 발달하는 신기계, 신기술 및 디지털화해 가는 생활양상으로 인하여 우리종친들의 생활 패턴이 바뀌고, 급속히 변모해 가는 생활환경으로 마음이 혼란스러움을 느끼게 된다는 것을 부정할 수 없을 것이다.

이에 따라 우리 종친들은 현실 생활과정에서 각종 스트레스를 크게 느끼지 않을 수 없을 것이다. 현실적으로 볼 때 상당수의 연로한 종친들은 그동안 노후를 대비해서 별로 준비해 놓은 것은 없는데 점점 나이는 먹어가고, 주위로부터 들리는 말로는 노후를 편안히 보내기 위해서는 상당한 금액의 노후자금이 필요하다는 이야기를 들으면 아마 가슴이 답답해지는 경우도 있을 것이다.

물론, 일부 종친 중에는 현업에 종사하고 있는 경우 그나마 노후대비 문제와 관련된 스트레스를 덜 받게 될 것이지만 그렇다 하더라도 현재의 사회 경제적인 상황이나 환경 등으로 크고 작은 스트레스를 받게 됨으로써 현실적인 어려움에 직면하면서 생활하게 될 것이다.

현재 우리종친들이 느끼고 있는 현실적인 어려움은 변화와 발전을 거듭하고 있는 작금의 시대상황 등 불확실한 미래에 대한 우려와 여생을 여하히 건강하게 생활해 나가야 할 것인가에 대한 염려로 정신적, 육체적으로 어려움이 가중되고 있다고 본다.

일찍이 20세기 초 불란서의 문호(文豪) 알베르 까뮤(Albert Camus, 1913~1960)가 『시지포스의 신화』에서 설파한 바와 같이 우리 인간은 존재하고 있는 한 현실생활 그 자체가 '인생역정'의 연속일 수밖에 없다는 지적과 같이 말이다.

이와 같이 우리 종친들은 각종 형태의 스트레스에 시달리며 살아가고 있는 것이 엄연한 현실이다. 필자는 금후 2회에 걸쳐 우리 종친들이 지금 겪고 있는 현실생활 과정에서 연유되는 각종 스트레스의 양상을 살펴보고, 정신적 스트레스가 육체적 건강에 미치는 영향들을 성찰해 본 다음, 이러한 스트레스를 잘 다스릴 수 있는 슬기를 고구해 보고자 한다.

최근, 신경정신과 전문의들의 조사, 연구결과에 따르면 일상생활과정에서 현대인들에게 스트레스를 가져오게 할 수 있는 일련의 사건들을 점수화한 몇 가지 기준이 전해지고 있다.

즉, 배우자의 사별이 100점으로 가장 높고, 그 다음이 이혼으로 73점, 별거의 경우 65점의 순으로 되어 있다. 그리고 가족의 죽음과 감금은 각각 63점으로 스트레스 지수가 높은 편인데, 특이하게도 결혼의 경우 스트레스 점수가 50점이나 된다고 한다. 또한, 기분을 즐겁게 만드는 긍정적인 사건들, 예를 들면 승진이나 결혼 등도 어느 정도의 스트레스가 생길 수 있다는 의견도 있다.

그런데 1년에 스트레스 지수가 200점 이상이면 심각한 스트레스 상황이라고 하는 통계조사도 보고되고 있다.

한편, 어느 의료 기관에서 우리나라 성인 200여 명을 조사한 결과, 남성 보다는 여성이, 또한 나이가 젊을수록, 조용한 성격 일수록 스트레스가 심한 것으로 조사되었다.

구체적으로 볼 때 세대별로는 젊은 20대 여성의 스트레스가 가장 심했고, 40~50대 여성이 가장 낮았다. 특히 20대 여성은 약 30%가 심한 스트레스 시달리는 것으로 조사되었다. 이러한 경우 젊은 여성들은 결혼에 대한 부담감 등 불확실한 미래와 외모가 중요시되는 사회 분위기 때문에 스트레스가 심한 것으로 추정되었다.

여기서 특이한 것으로 사회생활을 이제 막 시작한 젊은 여성들 가운데 상당수가 자신의 생활을 마치 사춘기와 같은 질풍노도(疾風怒濤)의 시기라고까지 얘기한다고 한다. 그만큼 사회에 첫 발을 내디디면서 혼란을 겪고, 미래에 대한 불안감을 갖고 있는 사회초년생의 여성들이 많다는 것이 또한 오늘날의 현실이다.

예를 들면, 자주 머리가 아프고 가슴이 답답하다든지 사소한 일에도 화를 내는 등 짜증이 늘어난다는 과도한 스트레스에 시달리는 것은 아닌지 숙고해 볼 필요가 있다고 본다. 그리고 때때로 성급한 판단을 내리면서 실수가 잦아진다든지 하는 행동상의 변화도 심각한 스트레스의 징조 중에 하나라고 판단된다.

우리 종친들도 가족과의 관계, 지인 및 친구등과의 인간관계를 유지시켜나가는 과정에서 초래될 수 있는 각종 스트레스로 인하여 여러 가지 양상의 행동상의 변화를 초래할 수 있으므로 원만한 대인관계의 유지는 정신건강상 가장 중요한 문제라고 믿어진다.

현대인들의 정신건강(精神健康)과
스트레스를 해소(解消)시키는 슬기 (하)

　현재 우리나라 의료계의 신경정신과 전문의들의 견해에 따르면 우리 몸은 외부의 충격이나 변화 등으로 스트레스를 받을 경우 '카테콜라민'과 '코티솔'이라는 스트레스 호르몬을 분비한다고 한다. 이때 스트레스 호르몬은 우리 몸을 위험으로부터 지키기 위한 일종의 방어기제(防禦基劑) 역할을 한다고 한다.

　그러나 이러한 경우 '카테콜라민'이라는 스트레스 호르몬은 자율신경계(自律神經界)를 흥분시켜 인체의 혈압을 상승시키고, 동시에 맥박을 빠르게 하기 때문에 만성적인 스트레스 상황에서는 심장병이나 뇌졸중의 위험이 커진다고 한다.

　흔히 우리 몸에서는 하루에도 수천 개의 암세포(癌細胞)가 생기는데, 이러한 암세포를 찾아내어 하나도 남김없이 파괴시키는 역할을 하는 세포가 있고, 이것이 바로 자연살해세포(Natural Killer Cell)라는 것이며, 이때 스트레스 호르몬인 '코티솔'은 이러한 면역기능을 떨어뜨린다고 한다.

　오늘날 우리나라의 특정 의학 전문조사기관의 조사결과에서도 알 수 있듯이 실제로 일반인들이 결혼생활 도중에 이혼이나 별거

등으로 스트레스를 받은 사람들의 혈액을 측정해보니 '자연살해세포'의 수가 현저하게 감소해 있었고, 각종 시험으로 인한 스트레스를 심하게 받는 수험생들 역시 '자연살해세포'의 활동력이 떨어져 있었다고 한다.

또한, 자식을 잃은 부모의 경우에도 암 발생률이 약 20% 정도 높았다는 연구결과가 있고, 스트레스가 심한 남성들에게서 전립선암 종양 수치인 '전립선 특이항원'이 약 3배 가까이 더 높게 나타났다는 연구결과가 있다고 한다.

이렇게 볼 때, 여러 가지 형태의 스트레스가 현대인의 건강에 가장 위협적인 요인이라고 해도 과언이 아닐 것이다.

그러나 스트레스를 전혀 받지 않는 사람이 반드시 건강에 좋은 것은 아니라고 한다. 왜냐하면, 현실 생활과정에서 편안하기만 하고, 안이하면서 때로는 인간관계나 생활이 권태로울 경우 이러한 권태감은 우리를 한 없이 무기력하게 만들 수도 있기 때문이다.

따라서 적절한 스트레스는 생활의 활력을 불어넣어 오히려 일의 생산성과 창의력을 높여줄 수 있으므로 스트레스에는 긍정적인 측면도 있음을 우리종친들은 참고해야 할 것이다.

우리 주위에서 보면 남부러울 것 없이 많은 것을 가진 사람들도 우울증을 겪는다는 경우도 있고, 이러한 경우에는 더 이상은 이룰 것이 없다는 목표상실(目標喪失)과 자극이 없는 권태로운 생활 탓이기 때문으로 이들은 삶의 목표를 다시 세울 필요가 있는 것이다.

이러한 경우 남들한테 보여주기 위한 것이 아니라 스스로 자신의 내면에서 가치 있는 것이 무엇인지 헤아려 볼 필요가 있다. 일반적으로 물질적 가치가 행복을 담보할 수는 없으며, 만족감은 내면의 충만감으로부터 생기고, 내면을 충만하게 채우기 위해 스스로 노력할 때에 공허함과 무기력증은 사라지게 된다. 여기엔 삶을 나누는 봉사활동과 독서, 분석적 정신치료 등이 도움이 될 것이라는 조사결과가 있다는 것을 유의해야 할 것이다.

전문가들의 조언에 의하면 인간의 행복감은 10대를 정점으로 내려가기 시작해 40대에 바닥을 치고, 50대부터 다시 상승해 가는 U자형이라는 조사결과가 있다. 즉, 나이가 들수록 젊었을 때보다는 포기하는 것이 많아지는데, 이것이 바로 행복의 비결이라는 것이다. 이것은 나이가 들수록 스트레스에 둔감해지는 것도 행복감이 높아진다는 이유에서이다.

인간관계는 완벽을 추구하면 할수록 부담이 커져 유리병처럼 깨지기 쉽지만, 상대에게 둔해지면 반대로 아량이 생기며, 외부의 눈총이나 조롱, 질투에 일일이 반응하기보다는 자기 나름의 중심을 갖고, 의연하게 사는 것이 바람직한 삶의 지혜라고 생각한다.

따라서 때로는 스트레스도 그냥 무시하고 날려버리는 둔감함이 필요하다고 보인다. 일본의 중견작가인 '와타나베 준이치'라는 사람은 『둔감력(鈍感力)』이라는 저서에서 '지혜로운 둔감'을 예찬하고 있는데, 둔감함은 단점이 아니라 '힘'이라는 것이다. 이러한 둔감력이 가장 큰 힘을 발휘하는 것이 바로 원만한 인간관계라고 역설하기도 한다.

요즈음 복잡한 도시생활과 사회생활을 하고 있는 현대인들은 여러 가지 방법으로 스트레스를 해소시키기 위한 노력을 하고 있음을 알 수 있다. 그런데 스트레스 대처법으로 각광을 받고 있는 것은 명상요법이 대표적이며, '요가'나 '위빠싸나' 등과 같은 명상기법을 선호하고 있다. 이와 같이 명상기법이 주목을 받고 있는 것은 바로 명상이 우리 몸의 면역기능을 높인다는 것이 과학적으로 증명되었기 때문이며, '마음의 화를 잘 다스리면 인생이 잘 풀린다'는 말이 있듯이 스트레스가 쌓였을 경우 명상이나 복식호흡으로 기분을 가라앉히는 것이 좋으며, 또한 몸을 움직여야 스트레스에 저항이 생김으로써 정신건강을 잘 다스릴 수 있다는 사실을 우리 종친들은 성찰해서 활기찬 삶을 도모해야 할 것이다.

5. 현대인들의 노후건강(老後健康)과
바람직한 음주(포도주)문화(飲酒文化) (상)

최근 우리나라는 '레드 와인(적포도주)'의 나라라고 할 만큼 레드 와인의 소비가 많아지고 있는 것으로 전해지고 있다. 이러한 현상은 우리나라 각종 주류의 소비상황을 감안할 때 근간에 이르러 포도주 시장이 급성장하면서 전체 수입되는 포도주의 약 80% 가까이를 레드 와인이 차지하고 있다고 조사되었는데, 이렇게 된 데에는 몇 가지 이유가 있는 것으로 생각된다.

첫째, 포도주 애호가들이 대부분이 남성이라는 점이다. 비즈니스 등의 이유로 포도주를 접하는 이들이 주로 남성이고, 이들 대부분은 알코올 농도가 높고 강한 맛의 레드 와인을 선호한다.

둘째, '레드 와인'이 건강식품으로 알려진 것도 한 몫을 했다. 얼마 전에 미국의 뉴욕 타임스지는 10대 건강식품 중의 하나로 레드 와인을 꼽았고, 국내 매스컴에서도 레드 와인이 건강에 좋다고 보도한 이후, 와인이라고 하면 으레 레드 와인을 찾게 됐다.

셋째, 중남미 일부국가와 자유무역협정(FTA) 체결로 포도주 시장의 대중화를 불러온 칠레가 '레드 와인'의 강국이었다는 점도 '레드 와인'의 강세에 적지 않게 기여했다고 판단된다.

이와 같이 많은 사람들이 즐겨먹는 포도주는 역사적으로 볼 때, 고대 서양사회에서는 술만이 아니라 약으로도 사용되었으며, 각종 질병의 예방과 치료에 쓰였다고 한다.

또한, 서양의학의 아버지 '히포크라테스'는 포도주에 물과 향료를 적절히 섞어서 두통, 소화장애, 신경통, 해열제 등의 질병 치료를 했고, 로마제국의 '줄리어스 시저'는 전투에 출정하는 군인들에게 포도주를 적당량 마시게 하여 장 질환을 예방했다는 기록이 있다. 전문기관에서는 포도주가 치매예방에도 많은 도움을 준다고 보고되고 있다.

이와 같이 몸에 좋은 술, 마음을 즐겁게 하는 포도주의 어떤 성분이 고질적인 노인병인 치매(癡呆)를 예방할까? 포도주의 놀라운 효능을 종친들과 함께 성찰해 본다.

우리 종친들이 기회 있을 때마다 흔히 즐기는 과실주의 대명사라고 할 수 있는 포도주(와인)는 인류문화의 발달사 측면에서 보면 오랜 옛날 '수렵어로시대'부터 인류의 역사와 더불어 있었다고 전해진다. 그 이후 '유목민시대'에는 가축의 젖으로 유주(乳酒)가 만들어졌으며, '농경문화시대'에는 곡류를 원료로 한 곡주(穀酒)가 만들어졌을 것이다.

따라서 일반적인 음주문화는 시대상황과 문화에 따라 형성되는 것이 상례이지만 독특한 민족성과 종교 및 주식(主食)을 무엇으로 하느냐에 따라 만들어진다고 볼 수 있을 것이다. 예를 들면, 극한(極寒)지대에서 생활하는 에스키모족들은 주식을 어패류(魚貝類)나 해수(海獸)로 하기 때문에 술을 만들 수가 없어 음주문화가 형성될 수 없었을 것이며, 술의 원료가 있다고 해도 종교상의 이유로 금주

(禁酒)를 하는 이슬람교를 신봉하는 나라들은 양조기술(釀造技術)이 있다고 해도 매우 뒤떨어져 있는 실정이다. 또한, 민족에 따라 음주 문화나 관습도 각양각색이지만 대부분의 경우 종교와 밀접한 관계가 있는 것으로 파악된다.

한편, 특정 종교에서는 술을 빚어 마시는 것이 종교의식의 중심이 되는 경우도 있는데, 인도 지방의 '베다시대'에는 소마주(Soma 酒)를 빚어 신에게 바치는 의식이 있는가 하면 가톨릭교에서는 전통적으로 예수님의 피의 상징으로 레드 와인(적포도주)을 대주교나 신부들이 미사(彌撒, Mass) 중에 마시는 일 등을 들 수 있다.

오늘날 우리나라는 물론 외국에서도 포도주의 선호도가 높아지고 있고, 그 효능이 다양한 것으로 밝혀지고 있다. 이제는 많은 사람들이 즐기기 위해서 뿐만 아니라 건강을 위해 포도주를 마신다고 조사되었다.

사실 포도주는 예전부터 만병통치약으로 널리 사용된 것으로 전해지고 있는데 약 6천 년 전 고대 이집트에서는 포도주를 약으로 처방했다는 기록이 있고, 히포크라테스는 적당량의 와인으로 질병을 치료했다고 한다.

포도주의 전문 연구기관에 연구결과에 의하면 포도주에는 비타민, 각종 무기질, 칼슘, 칼륨 등 300여 가지의 영양소가 함유되어 있어 각종 성인병, 고혈압, 동맥경화, 심장병 등 다양한 질환을 예방하는 데 탁월한 효능이 있는 것으로 밝혀졌다.

이밖에도 불면증과 스트레스 예방, 소화기능을 향상시키는 역할도 한다고 한다.

특히, 포도주는 노년기에 접어든 어르신들에게 이롭기 때문에 흔히 포도주를 '노인의 간호사'로도 부른다. 그 이유는 포도주가 건강한 삶을 도울 뿐만 아니라 노년기에서 자주 느끼는 소외감, 허무감, 공포감 등 심리적 스트레스를 다스리고 진정시키는 효과가 있고, 더불어서 노인성 불면증을 완화시켜 주기 때문이다.

그리고 포도주는 식욕을 촉진시켜 영양부족을 막아주고, 특히 노인들의 질병인 치매(노후에 뇌질환 발생으로 기억력상실, 이상행동유발: 알츠하이머병, 혈관성 치매)예방에도 도움이 된다고 보고되어 더욱 많은 이들이 포도주를 주목하고 있다.

현대인들의 노후건강(老後健康)과
바람직한 음주(포도주)문화(飮酒文化) (하)

현대인들은 컴퓨터 앞에서 오래 일하고, 텔레비전을 장시간 시청하며, 각종 공해물질에 시달려서 인체에 해로운 활성산소에 더 많이 노출되어 있는 실정이다. 일반적으로 활성산소가 가져오는 질병은 오랜 시간에 걸쳐 손상이 축적되어 일어나기 때문에 젊은 시절부터 관리가 필요하다고 보고 있다. 그렇지 않으면 노년기가 되었을 때 입는 피해는 눈덩이처럼 불어날 수도 있다고 한다.

우리 종친들이 노후에 가장 심각하게 염려하는 노인성 질환 중에는 앞에서 지적한데로 치매 질환을 들 수 있을 것이다. 치매는 일시적인 건망증과는 달리 평소에 정상적인 생활을 하던 사람이 나이가 점차 들어가면서 뇌에 질환이 발생하여 기억력을 상실하고, 여러 가지 이상행동을 하게 되는 고질적인 질병을 말한다.

여기서 치매로 의심되는 증세를 몇 가지 살펴보면 시간과 장소에 대한 감각이 없어지고, 물건을 사고 거스름돈을 챙기지 않으며, 같은 질문이나 말을 반복하거나 또한, 약속시간을 자주 잊어버리고, 옷매무새에 별로 신경 쓰지 않으며, 때로는 집을 못 찾아 길을 헤매고, 방금 일어난 일을 전혀 기억하지 못하는 등의 증세를 보인다.

그렇다면 포도주 속의 어떤 성분이 치매예방을 돕는 것일까? 포도주 전문기관의 연구보고에 의하면 포도주가 치매예방에 도움이 되는 이유는 항산화물질인 '폴리페놀(Polyphenol)'을 풍부하게 함유하고 있기 때문이라고 한다.

사람들이 산소를 마시며 사는 이상 우리 몸은 산화될 수밖에 없는데, 이때 발생하는 활성산소(活性酸素)는 암, 동맥경화, 퇴행성질환을 유발하고, 노화를 촉진시킨다. 그런데 포도에 다량으로 함유되어 있는 폴리페놀은 이러한 활성산소의 피해를 최소한으로 줄여주는 역할을 하게 된다.

그러나 사실 '폴리페놀'은 포도주에만 함유되어있는 것은 아니며, 녹차, 야채 등으로도 섭취할 수 있지만, 포도주로 폴리페놀을 섭취했을 때 더욱 큰 효과를 볼 수 있다고 알려지고 있다. 포도주에 다량 함유되어 있는 '폴리페놀'은 주로 포도의 껍질과 씨에 많이 들어있기 때문에 치매를 예방하려면 포도주 중에서도 백포도주(White Wine) 보다는 껍질과 씨를 같이 우려내서 제조한 적포도주(Red Wine)를 마시는 것이 더욱 효과적이라고 보고되고 있다.

우리 종친들이 건강을 유지하고, 질병의 효과적인 예방을 위해서는 포도주의 적당량을 꾸준히 마셔야 하며, 이때 '폴리페놀'의 꾸준한 섭취는 매우 중요하다고 전문가들은 권고하고 있다.

우리 종친들이 포도주의 좋은 효능을 제대로 누리려면 마시는 양이 중요한데, 이러한 경우에 요구되는 적당량이란 보통 일주일에

한 병 미만을 기준으로 하고 있다. 좀 더 구체적으로는 남성의 경우 하루 2잔 이하, 여성의 경우 1잔 이하의 포도주를 섭취할 때 건강에 도움이 된다고 한다.

만일 이 기준을 넘어서서 포도주를 마시게 되면, 오히려 건강상 역효과가 나거나 심지어는 암 발생빈도가 높아질 수 있는 것으로 연구, 보고되고 있는데 이는 포도주의 알코올 효과 때문이라고 한다.

포도주가 아무리 건강에 좋더라도 어디까지나 알코올이 함유된 술이므로 마시는 양의 기준과 한계는 분명히 지켜져야 할 것이다.

일반적으로 포도주 1잔(150㎖)에는 보통 알코올이 15~20g 함유되어 있으며, 열량도 100~150㎉에 이른다.

따라서 포도주를 과다하게 섭취했을 때에는 섭취열량의 과다로 비만이나 알코올성 간질환 등을 유발할 수도 있으며 또한, 포도주는 과일주이기 때문에 증류술 등에 비해 두통이 더 심하게 나타날 수도 있다.

만일 당뇨병, 비만, 간 기능 장애 등이 있는 사람들은 아무리 포도주가 몸에 좋다고 해도 포도주를 가급적 마시지 말아야 하며, 적은 양이라도 마시면 오히려 건강을 해칠 수도 있으므로 주의를 해야 할 것이다.

일반적으로, 노인성 질환 중에서 현대의학으로 치유가 난해한 질병 중의 하나인 치매는 스스로의 책임이 큰 질병이기도 한데, 평소에 잘못된 생활습관이 쌓여 치매를 부르기도 한다. 그러므로 적포도주를 적당량 마실수록 젊어지고, 건강해지는 포도주 1잔으로 건강한 노년, 꾸준한 와인 1잔으로 행복한 노년을 맞길 바란다.

6. 종친 간 친애·단합(團合)과
긍정적인 삶의 힘 제고(提高) (상)

　온 세상의 눈에 보이지 않는 생명력(生命力)은 우리 종친들이 실존적인 입장에서 볼 때 존재(存在) 깊숙이 큰 영향을 미쳐서 종친(종친회)들의 삶의 방향(方向)을 결정하게 될 것이다. 그러므로 우리 종친들이 어떤 긍정적(肯定的)인 삶의 생명력을 갖고, 생활에 나가느냐에 따라 종친 간 친애, 단합하면서 더욱 가치 있는 삶을 살아가느냐의 여부가 결정될 수 있을 것으로 생각된다. 따라서 필자는 우리 종친들이 금후 더욱 가치 있는 삶과 친애, 돈목하며 종강삼시(宗綱三是) 정신을 적극 구현토록 하기 위해 향후 3회에 걸쳐 실천방안을 종친들과 함께 성찰해 본다.

　우리 박씨 종친들이 주지하는 바와 같이 전국의 500만 종친들은 일찍이 시조대왕 이신 박혁거세 거서간(居西干)님의 광명이세(光明理世) 정신과 인간존중(人間尊重)의 민주이념(民主理念)을 높이 기리고, 이를 오늘에 계승 발전시키면서 항상 뿌리의식을 갖고 삶을 영위해 나가고 있으며, 이러한 사실은 중요한 의미와 가치가 있다고 생각된다.

　이처럼 분명한 혈연(血緣)의 근본을 새삼 인식하며, 종친으로서의 정체성(正體性)과 명문대가(名門大家)의 한 가족이라는 자긍심(自矜心)

을 갖고, 긍정적인 삶을 살아갈 수 있게 된다면 이는 더욱 중요한 의미가 있고 매우 가치 있는 삶이 될 수 있을 것이라고 믿어진다.

우리 종친들에게 긍정적인 삶의 힘(에너지)은 항상 변화하고 예측 불가능한 현실생활을 영위하는 과정에서 온 누리와 삼라만상(森羅萬象)의 모든 창조물(創造物)에 대하여 감사하는 마음과 좀 더 행복하고 풍요로운 문명사회(文明社會)를 이룩해 보고자하는 욕망, 그리고 삶의 열정 등에서 생겨난다고 판단된다.

그런 반면, 종친들이 부정적(否定的)이고 소극적(消極的)인 삶을 영위한다면 스스로 우리 종친들을 나약하고 불행하게 만들 수 있어서 미래에 대한 불안, 자기혐오, 분노 등을 유발하게 될 수도 있을 것이다.

또한, 만일 우리 종친들이 긍정적인 삶의 힘을 최상으로 유지시킬 수만 있다면 그것이 얼마나 활력 넘치고 황홀한 일인가를 느끼게 될 것이다.

이와 같은 긍정적인 삶의 생명력을 경험하게 된다는 것은 현실생활(現實生活)에서 어떤 일을 하는 것뿐만 아니라 어떤 상태에 이르는 것까지도 포함되는데, 종친들의 역동적인 삶의 힘은 실제로 우리 종친들이 상상하는 것보다 더욱 신비롭고 경이로울 수 있을 것이며, 아울러 종친 간 친애, 화합하여 종친(종친회)들의 능력(能力)을 제고(提高)시켜나갈 경우 앞으로 새로운 역사(歷史)의 창출(創出)도 가능해질 것이라고 판단된다.

한편, 혈연의 근본이 분명하고, 한 뿌리 자손인 우리 종친들은 오늘날 명현선조(名賢先祖)님들의 위업(偉業)과 훌륭한 정신(넋)을 이어받으면서 미래지향적으로 활기찬 삶을 영위해 나갈 수 있는 잠재능력(潛在能力)을 갖고 있다고 믿어진다.

흔히 서구사회(西歐社會)에서는 사람들이 긍정적이고, 역동적인 삶을 영위할 수 있는 잠재능력에 대해서 매우 불가사의(不可思議)한 것으로 여기고 있는 경향이 있는 것으로 전해지고 있으나 우리 동양문화(東洋文化)와 전통적인 한의학(韓醫學)에서는 이러한 잠재능력을 '기(氣)'라고 부르고, 인도의 요가(YOGA) 수행자들과 인도의 전통의학에서는 '프라나(PRANA)'라고 부르며, 아메리카 인디언들은 '니(NI)'라고 부르면서 어떠한 어려움 속에서도 결코 희망을 갖고 밝은 미래의 삶을 지향해가는 생활의 지혜를 발휘하며 살아간다고 한다.

그러나 최근에는 서양의 과학 분야에서도 이와 같은 사실을 점차 이해하기 시작한 것으로 알려지고 있다. 즉, 미국의 물리학자인 아인슈타인 (Albert Einstein: AD 1879~1955)의 상대성 이론(相對性 理論: e=mc²)에서 알 수 있는 것처럼 에너지(Energy)와 질량(質量)은 서로 호환(互換)된다는 사실과 같이 현대에 이르러서야 과학자들은 '아인슈타인의 상대성 이론'에 의거하여 '사람들의 삶과 건강을 추정'하기 시작했던 것이다.

그렇지만 무엇보다도 획기적인 것은 영국의 케임브리지 대학 물리학자인 스티븐 호킹(Stephen W. Hawking: AD 1942~) 박사의 '블랙

홀 이론(Black Hole Theory: 초중력에 의해 빛을 빨아들이는 구멍을 닮은 존재)'에 의한 것인데 , 이에 따르면 '사람들이 경험하는 세상은 우리와 다른 거대한 생명력의 영역사이를 가르는 얇은 막 위에 놓여 있다는 것'으로서 안타깝게도 우리는 극히 제한된 인식능력(認識能力) 때문에 3차원적 식별능력(識別能力)의 바로 아래에 존재(存在)하는 이 영역(領域)을 느껴보지 못한다는 것이다.

요즈음에는 미국 국립보건연구소에서 요가가 어떻게 불면증을 완화시키는지부터 기공(氣孔)이 어떻게 암 치료의 보조수단이 될 수 있는지에 이르기까지 온갖 종류의 연구가 포함되어 있다고 한다.

그리고 미국 뉴욕에 있는 콜롬비아 장로병원에서는 심장수술을 하는 동안 에너지 치료사를 입회시키고 있으며, 무엇보다도 혁신적인 것은 원격치료(遠隔治療)라고 할 수 있는데, 이것은 먼 곳에서 잠재적 에너지를 보내 효소, 식물, 인간에게 긍정적 영향을 미치는 능력을 말하는 것으로 이미 과학적으로도 그 효과가 입증된 바 있다고 전해지고 있다.

종친 간 친애·단합(團合)과
긍정적인 삶의 힘 제고(提高) (중)

우리 인류사(人類史)적으로 볼 때, 동서양을 막론하고 사람들은 앞에서 고구해 본 바와 같이 긍정적이며, 역동적인 삶을 추구하기 위한 잠재능력(潛在能力)의 제고(提高) 노력이 다양하게 계속되어 왔음을 알 수 있다.

그렇다면, 이러한 사람들의 잠재능력을 극대화시키는 데 있어 지향점과 목표는 어떠할까? 이에 대하여 미국 캘리포니아 주립대학교 (UCLA)의대 교수이며 정신의학 전문의인 '주디스 올로(Judith Orloff)' 박사의 견해에 따르면 '마치 밤이면 만발하는 재스민 꽃향기의 감미로움을 만끽하고, 아름다운 황혼의 하늘에 붉게 물들어 있는 저녁노을에 경탄하면서 여유로움과 행복감을 느끼며, 살아갈 수 있게 되는 것이 목표가 될 수 있을 뿐만 아니라 두려움이 삶을 지배하지 못하게 하고, 마음과 직관(直觀)이 행동(行動)의 지표(指標)가 되게 하는 것이 궁극적인 목표이다'라고 지적하고 있다.

다시 말하면 우리 종친들의 긍정적인 삶의 힘은 자연스러운 삶의 리듬에 맞추어 각종 스트레스를 해소하고, 긴장을 풀며, 속도를 한 템포 늦추는 삶을 영위함으로써 우리 종친 자신들의 삶에 온전히 존재하게 된다고 볼 수 있다.

그러므로 우리 종친들이 긍정적인 삶의 힘을 되찾는 것은 가장 정열적으로 자아(自我)를 되찾는 일이며, 구태의연(舊態依然)함을 벗어나서 새로움을 추구하는 일종의 자기혁신(自己革新)과정이라고 말할 수 있을 것이다.

일반적으로 우리 종친들이 살아가는 이 세상에는 여러 가지 원인(原因)들과 이유로 인하여 종친들 자신이 원하지 않는 어려움을 겪으면서 생활하는 종친들도 적지 않을 것이다.

이는 우리의 일상적인 삶에는 종친자신의 의지(意志)로 선택할 수 있는 것도 있지만 자신의 의도(意圖)와 뜻대로 선택할 수 없는 것들도 많이 있기 때문으로 생각된다.

예를 들면, 사람들은 어느 누구도 자신의 태어나는 환경(環境)을 선택할 수 없으며, 다만 상황(狀況)이 주어질 뿐이고, 이런 경우는 자신의 의지와는 아무런 상관이 없는 것이다.

이와 같이 이미 주어진 환경을 대할 때 대체로 우리는 다음과 같은 두 가지 삶의 행태(行態)를 갖게 된다는 사실을 주목할 필요가 있다.

하나는 자기 자신의 처지(處地)를 통상적인 일반 세상의 기준과 견주어서 자신보다도 더 나아 보이는 타인과 비교하며, 스스로의 입장과 처지를 부정적으로 생각하여 불평, 불만을 맹목적으로 토로하면서 살아가는 부정적인 삶의 행태이고, 또 다른 하나는 현실적으로 주어진 환경과 상황은 자신의 선택과는 무관하게 주어진 것이므로 그러한 환경(環境)과 현실(現實)을 직시하고, 일단은 이를 긍정적으로 받아들이면서, 그러면서도 이러한 상황을 좀 더 나은 방향으로 변화, 발전시키려는 희망(希望)과 열정(熱情)을 갖고, 적극적으로 노력하는 긍정적인 삶을 살아가는 경우로 대별해서 볼 수 있다.

이러한 경우 어떤 삶의 태도가 바람직할 것인가는 재론의 여지가 없을 것이다. 마치 한 여름철에 정원의 잡초는 특별히 가꾸지 않아도 금방 저절로 무성히 자라나게 되지만 정원의 화초를 아름답고 싱싱하게 가꾸려면 끊임없이 잡초를 뽑아내고 물을 주며, 정성스럽게 가꾸어야 만이 원하는 꽃을 피우고, 열매를 맺게 할 수 있게 된다.

우리 종친들의 삶과 마음 밭도 이와 같다고 할 수 있다. 우리의 삶과 마음 밭은 일엽편주(一葉片舟)가 물결치는 대로 바람 부는 대로 그냥 방치해 두면 결코 바람직한 삶을 영위할 수 없고 싱싱하고 아름다운 결실을 맺을 수 없게 될 것이다. 따라서 끊임없이 자기성찰(自己省察)과 현실직시(現實直視)의 삶을 영위하면서 당면한 난관을 극복하고, 스스로를 가꾸고 다듬어 가야 할 것이다.

특히 주어진 생활환경(生活環境)이 어려울 경우, 이를 극복하려는 노력없이 자포자기(自暴自棄)하거나 소극적으로 살아간다면 부지부식(不知不識)간에 부정적이고 비관적인 생각이 마음을 지배하게 되어 삶을 더욱 곤경(困境)에 빠뜨리게 될 것이다.

그러므로 우리 종친들은 항상 지금보다도 더욱 향상된 자신의 삶을 추구하기 위하여 꾸준히 긍정적으로 자기계발(自己啓發)과 생활여건(生活與件)의 개선을 도모해 나가야 할 것이며, 바람직한 삶의 지혜(知慧)를 발휘하고 이를 실천하는 데 있어 노력을 경주해야 할 것이다.

이렇게 함으로써 전국의 대, 소 종친회와 우리 종친들은 시조대왕을 비롯한 열성조님들에게 추원보본(追遠報本)의 도리(道理)를 다하고, 수많은 명현선조(名賢先祖)님들의 위업(偉業)과 정신을 본받아 미래지향적(未來指向的)인 삶을 역동적(力動的)으로 영위할 수 있게 될 수 있을 것이며, 더 나아가서는 (사)신라오릉보존회(박씨대종친회)의 회시(會是)인 종강삼시(宗綱三是) 정신의 적극적인 구현(具現)도 가능할 것으로 믿어진다.

 ## 종친 간 친애·단합(團合)과
긍정적인 삶의 힘 제고(提高) (하)

우리 종친들이 긍정적인 삶의 힘(에너지)을 제고시키기 위한 몇 가지 실천방법(방안)에 대해서 고구해보면 다음과 같다.

첫째, 우리 종친들이 '자비명상(慈悲冥想)'을 통하여 긍정적인 삶의 힘을 제고시키기 위해서 아래와 같은 방법을 실천해보는 것도 좋을 것이다.

우리 종친들이 일상생활을 하면서 크고 작은 걱정과 문제점이 있을 경우 왠지 외롭고 불안해 질 수 있다. 이럴 경우에는 누구도 우리를 도와줄 수 없을 것이다.

그러나 우리나라의 전통종교인 불교에서 불교도들이 약 2500년 전부터 몸과 마음의 평안을 도모하기 위해 수행해 왔던 이 명상기법은 자기 안에 자애로운 마음을 갖고 생활의 평정(平靜)을 가져오게 했던 것이다.

이것의 실천 방법을 보면 먼저 편안한 곳을 찾아 자리를 잡고, 심호흡을 한다. 그리고 마음이 평온해지면 걱정이 사라지도록 다음과 같은 구절을 여러 번 되풀이해서 읊도록 한다.

'나를 걱정에서 자유롭게 해주서, 건강하게 해주소서, 나의 삶이 안전하고 편안하게 해주소서, 평온하게 해주소서……'

이러한 구절을 외우면서 자비명상을 하면 부정적인 삶의 에너지가 자연스럽게 긍정적인 삶의 힘으로 바뀌게 된다. 우리 종친들은 평소에 근심과 걱정이 생길 때마다 이와 같은 명상을 하면서 삶의 평온을 통하여 생명력(生命力)과 활력(活力)을 갖도록 노력해야 할 것이다.

둘째, 현실적인 불만(不滿)과 적개심(敵愾心)이 있는 경우 이를 잘 다스리고, 진정시켜 긍정적인 삶을 도모하기 위해서는 아래와 같은 방법을 실천토록 한다.

먼저 일상적으로 생기는 불안과 적개심을 버려야하는 주요 목적은 궁극적으로 긍정적인 삶의 힘을 증대시키기 위해서이다. 따라서 어떤 불안감과 두려움이 그 사람으로 하여금 그러한 일을 하게 만들었을까? 왜 그 사람의 마음은 닫혀있을까? 그 사람의 무례함과 불손한 태도는 어디서 비롯된 것일까? 등을 깊이 생각하면서 상대방이 그러한 행동을 하게 된 정황을 이해하려고 노력한다. 이렇게 되면 경우에 따라서는 관용(寬容)과 용서(容恕)를 하기에 이를 수 있다.

이와 같은 노력만으로도 긍정적인 기운(氣運)의 흐름을 유발하여 마음의 부담이 사라지면서 종친 자신의 긍정적인 삶의 힘(에너지)이 생기게 될 것이다.

셋째, 긍정적인 삶을 영위하는 사람과 부정적인 삶을 영위하는 사람의 생활태도(生活態度)와 특성(特性)을 관찰하여 자기 삶의 자세와 행태를 개선시켜나가도록 노력해야 한다. 즉, 긍정적인 삶을 영위하는 사람의 생활태도와 특성을 살펴보면 다음과 같이 요약된다.

○대체로 자신과 타인에 대한 연민과 열린 마음을 갖고 있다.
○자기 자신의 목표와 꿈을 이루기 위해 용기 있게 정진한다.
○어떤 어려움 속에서도 불굴의 투지와 자중자애하며 성실하다.
○자신의 단점과 부족한 면을 잘 알고 있으며,
　이를 시정하려고 노력한다.
○실패한 경우라도 결코 실망과 포기를 하지 않고,
　이를 통하여 재기토록 한다.

한편, 부정적인 삶을 영위하는 사람의 생활 자세와
행태를 살펴보면 아래와 같이 지적된다.

○항상 매사에 완벽하고,

　월등하게 잘 보여야 한다는 편견을 갖고 있다.

○자기 자신의 결함 때문에 스스로를 학대하거나

　비관적인 가치관과 대인관계를 갖는다.

○평소 두려움의 수렁에 빠져있거나

　자신의 냉혹한 면을 방관하는 경향이 있다.

○자신의 행복을 돌보지 않는 독선적인 마음가짐과

　생활태도를 보인다.

○자기의 단점을 무시해버린 상태에서 남에게

　해를 끼치는 생활을 한다.

　우리는 인간이기 때문에 장점과 단점을 모두 지니고 있다는 사실을 잊지 말아야 한다. 그러나 긍정적인 삶을 추구하며 사는 사람과 그렇지 못한 삶을 사는 사람은 위에서 살펴본바와 같이 엄연히 구별된다.

　누구나 마음에 들지 않는 점, 바꾸고 싶은 점, 실망스러운 점등을 지니면서 살아가고 있다. 우리는 이와 같은 단점들을 누구나 안고 살아가는 존재지만 열린 마음과 여유를 갖고, 유머감각으로 어려움을 해결하면서 동시에 타인을 이해, 포용하며, 살아가는 생활의 지혜를 발휘하는 삶을 영위해나갈 때 긍정적인 삶의 힘은 바로 여기에서 생기는 것이라고 할 수 있다.

오늘날 현대인들이 당면하고 있는 다양한 문제 중 긍정적인 삶의 힘을 제고시키는 문제는 가장 중요시되고, 선결해야 할 문제라고 생각한다.

여기서 삶의 힘이란 우리의 생명력(生命力)을 의미하며, 그러므로 우리 종친들은 현실을 직시하며 직면하는 어려움이 있더라도 이를 극복하고, 더 나은 생활환경(生活環境)과 종친(종친회)들이 한결같이 바라는 역사적인 대업(大業)이 금명간에 성취(成就)될 수 있도록 종친 간 더욱 친애, 단합(團合)하면서 『긍정적인 삶의 힘』을 적극적으로 제고시켜 나가야 할 것이다.

7. 창조적 삶과 종친 간 친애(親愛), 어떻게 이룰 것인가 (상)

우리말 큰사전에 의하면 '창조적 삶'은 '어떤 목적이나 구상아래 새로운 문화적, 물질적인 가치를 이룩하는 삶'이라고 정의하고 있다. 우리 종친들의 삶은 기본적으로 종친 간 친애, 화합은 물론 새로운 삶의 의미와 가치창출(價値創出)을 위한 창조적 삶을 추구해 나가야 할 것이라는 것이 새 시대에 요구되는 바람이며, 화두라고 생각한다.

따라서 우리 종친들은 앞으로 본회의 종강삼시 중의 하나인 애종 정신의 구현 차원에서 종친 간 친애와 널리 통섭(通涉)하고, 또한 절대 긍정(肯定)과 자신감(自信感)을 갖고, 잠재능력을 계발하면서 경이로운 생에 감사(感謝)하며, 자신의 능력과 사랑의 손길을 펼쳐나가는 봉사(奉仕)하는 삶을 영위해 감으로써 창조적 삶을 이루어 나갈 수 있도록 해야 하겠다.

오늘날 현대 문명사회에 살고 있는 전국의 500만 박씨 종친들은 누구나 풍요롭고 건강하며, 행복한 삶을 살아가고 싶은 바람을 갖고 있을 뿐만 아니라 그러한 생활을 영위할 권리를 지니고 있다고 믿어진다. 왜냐하면 우리 종친들은 몸과 마음의 심연(深淵)에 활기찬 삶의 열정(熱情)과 애종정신(愛宗情神)의 구현능력을 갖은 혁거세

(赫居世) 거서간(居西干) 시조대왕님의 광명이세(光明理世)의 지혜(知慧)와 친애위민(親愛爲民) 정신(넋)이 서려있는 DNA(유전자)를 갖고 살아가는 존재라고, 생각하기 때문이다.

따라서 우리 종친들은 현실적인 삶을 살아가면서 가능한 한 보다 나은 것, 밝은 것, 착하고 아름다운 것에 대해서 생각하며, 종친 간 친애와 상호 존중하는 생활 자세를 견지해야 할 것이다. 이렇게 함으로써 창조적인 삶의 추구가 가능해질 수 있을 것이며, 종친들의 궁극적인 삶의 목적인 풍요롭고 행복한 삶의 실현을 이룰 수 있을 것으로 생각한다.

그러므로 필자는 우리 종친들이 금후 종친 간 더욱 친애하고, 창조적인 삶을 영위해 나가기 위해서는 어떤 생활 자세와 철학을 갖고 살아가야 할 것인지 등에 관해서 향후 3회에 걸쳐 종친들과 함께 성찰해 본다.

먼저 우리 종친들이 서로 친애 돈목하면서 애종정신(愛宗情神)을 구현하는 삶을 영위한다는 것은 성손(聖孫)으로서 매우 보람 있고, 뜻깊은 일이라고 생각한다.

그런데 종친들이 이와 같은 애종정신을 구현할 때에 기본적으로 요구되는 마음가짐은 우선 청정심(淸淨心)과 평정심(平靜心)을 유지하는 것이 필요하다. 또한, 우리의 수많은 명현선조님들의 삶의 지혜와 가르침을 본받아 자신의 마음을 잘 다스려서 밝고, 고요한 마음을 갖도록 노력해야 할 것이 요구된다.

필자의 견해로 볼 때 우리 종친들은 현실적으로 물질과 정신, 그리고 생활의 지혜 등 삶의 영위에 필요한 모든 것들을 발전시켜 나가면서 종친 자신에게 유용한 것으로 만들기 위하여 이 세상에 존재하는 것이라고 믿어진다.

그러나 우리 종친들이 이와 같은 현실적인 풍요로움을 누리기 위해서는 원하는 물질 뿐만 아니라 강인한 생활능력(生活能力)과 창의적인 생각(아이디어), 그리고 긍정적인 사고 등을 갖고 생활해야 할 것이며, 종친들 마음속에 항상 잠재해있는 우주의 에너지와 조화를 이룰 수 있다면 우리 종친들은 풍요로운 삶뿐만 아니라 여유와 행복을 창출하면서 생활해 나갈 수 있다고 생각한다. 흔히 우리 인간의 사고 능력은 보다 순수하고 참신하며, 창조적이라고 할 수 있다. 그러나 어떤 선입관을 갖고 부정적인 마음을 갖게 된다면 본인 자신을 누추하게 만들고, 보다 많은 결함과 한계를 느끼게 될 것이다.

그러므로 우리 종친들은 긍정적인 마음가짐을 갖고, 종친간 돈목, 친애하는 애종정신을 구현해 나갈 때 진정한 행복감(幸福感)을 느낄 수 있을 것이며, 자신의 삶을 윤택하고, 풍요롭게 영위할 수 있게 될 것이다.

여기서 우리 종친들의 삶을 좀 더 풍요롭게 이룩해 갈 수 있는 생활의 지혜를 살펴보면 다음과 같다. 시조대왕의 한 뿌리 자손인 우리 종친들 각자 모두에게 잠재의식(潛在意識)으로 내재되어 있는 친애, 화합의 애종정신과 긍정의 에너지를 극대화 시킬 수만 있다면 분명히 우리의 삶을 더욱 성숙하게 가꾸어 갈 수 있게 될 것이다.

이렇게 하기 위해서는 '인간의 잠재의식을 계발하고, 무한한 잠재능력을 적극적으로 활용해 나가는 삶을 영위해 나가야 한다'라고 주장하는 세계적인 정신의학자 조셉 머피(Joseph Murphy, 1898~1981)가 그의 인생지침서 『머피 행복론(You can be happy)』을 통해 사람들에게 권고하는 아래와 같은 메시지를 우리 종친들은 유념하고, 따르도록 해야 할 것이다.

나는 내 자신과 다른 사람에 대해서 부정적인 생각을 품고 있는 나를 용서한다. 그리고 앞으로는 절대로 그러한 생각을 품지 않겠다. 나는 어디서 무엇을 하는 사람이든지 간에 모든 사람에게 친애하고, 선의를 베풀겠다. 또한 내가 다른 사람들을 용서할 때 거기에는 어떤 가식도 없다는 것을 다짐한다.

우리 종친들은 평소 일상생활 과정에서 이와 같은 기도를 매일 반복함으로써 진실(眞實)을 보게 되고, 귀로 듣게 되면서 이러한 두 가지의 기능(技能)이 은연중에 자신의 마음속에서 작용하는 것을 느끼게 될 것이고, 그러한 진실은 우리들의 잠재의식 속으로 침잠해들어가 행복감(幸福感)을 느끼게 됨으로써 풍요로운 삶을 누리게 될 것이라고 믿어진다.

창조적 삶과 종친 간 친애(親愛), 어떻게 이룰 것인가 (중)

우리 종친들이 삶을 영위해 가는 온 누리에는 우리가 평소에 실감하지는 못하지만 무궁무진한 '대자연의 에너지'라고 할 수 있는 원초적인 에너지가 존재하고 있다. 또한, 우리 인간들은 그러한 기본적인 에너지를 통하여 보다 나은 삶을 향유하기 위한 창의적인 활력을 찾는 존재이기도 하기 때문에 그러한 대자연의 근원적인 힘이 우리의 몸과 마음에 원활히 흐를 수 있도록 우리들은 항상 순수하고, 청정한 통로가 되어야 한다는 것이 매우 중요하다고 생각한다.

그러므로 우리 종친들에게 이러한 에너지가 잘 흐르게 할 수 있다면 우리는 대자연의 힘(우주의 에너지)과 조화를 이루면서 활동하게 되므로 우리의 삶에서 원만한 조화를 이룰 수 있게 되고, 건강한 생활과 함께 윤택하고 행복한 삶을 누릴 수 있게 될 것이라고 믿어진다.

오늘날 우리 종친들이 삶을 영위해가는 현대사회가 다양성(多樣性)과 다기능화(多技能化)해가고, 사회 경제적으로 성장, 발전해 갈수록 개인주의(個人主義) 사조가 팽배해지고, 전통적인 가치(價値)의 저상은 물론 종친 간 소통(疏通)의 부재와 정신적인 불안정이 심화되는 현상이 생김으로써 상호불신(相互不信)하는 풍조가 만연하고 있다는 것이 엄연한 현실이다.

그러므로 이럴 때일수록 우리 종친들에게 절실히 요망되는 것은 종친 간 신뢰(信賴)하고 원활한 소통이 이루어지는 것이라고 하겠다. 이것이 바로 종친상호간의 긴밀한 유대(紐帶)와 화합(和合)이 요구되는 이유이기도 하다.

이와 같이 종친 간 상호신뢰하고, 친애하면서 소통을 원활히 할 때 비로소 우리 종친들은 행복감과 기쁨을 느끼게 되고, 삶의 의욕(意慾)이 생기게 될 것이다.

우리 종친들도 주지하듯이 태초에 조물주가 인간을 만들 때 우리 인간에게 마음을 갖도록 만들었다고 한다. 그런데 인간은 세상의 삼라만상(森羅萬象)을 보는 눈은 밝지만 마음의 세계를 보는 눈은 없기 때문에, 조물주는 인간이 서로의 마음을 통할 수 있도록 말할 수 있는 능력을 주어서 말로서 서로의 마음을 표현하게 했던 것이다.

이처럼 말로 마음을 표현해서 내 마음을 상대방에게 전하고, 상대방이 내 마음을 받아들여 서로의 감정(感情)과 마음이 흐르게 되고, 소통이 잘 이루어 질 때 우리는 진정한 행복감을 느끼게 될 것이다. 그것은 마치 우리 몸에 혈액이 잘 순환되어야 건강을 유지할 수 있게 되는 이치와 같다고 볼 수 있다.

즉, 혈액순환이 원활하지 않으면 건강이 이상을 초래하고, 생명에 위험을 가져올 수 있게 되지만 혈액순환이 잘 되면 신체의 각종 기능이 잘 유지되고, 면역력(免疫力)이 생기며, 몸에 산소와 영양분을 잘 공급해 줄 수 있는 것처럼 우리도 때로는 어려움을, 때로는 기쁨을, 때로는 소망(所望)을 서로 주고받을 때 삶의 의욕이 생기게 되는 것이다. 이와 같이 종친 간에 상대방의 입장을 이해하면서 믿음을 갖고, 역지사지(易地思之)의 심정으로 진심어린 마음을 서로 나누는 것은 매우 의미 있고, 중요한 일인 것이다.

  그리고 우리 종친들의 삶 중에서 가장 중요시되는 덕목(德目) 중의 하나인 자신감(自信感)을 갖고, 마음먹은 것은 반드시 성취(成就)할 수 있다는 확신(確信)을 생활화해야 할 것이 요망된다. 왜냐하면 매사에 적극적이고, 긍정적인 생활태도(生活態度)가 바로 자신감을 만들기 때문이다. 이러한 견해는 바로 무한한 가능성을 가진 존재와 에너지는 분명히 우리 안에 있다고, 믿어지므로 그러한 능력이 창조적인 삶을 이룰 수 있게 하는 가장 강력하고, 중요한 요소라고 생각한다.

  우리 종친들은 그동안 명현선조님들의 위대한 업적과 본받아서 귀감(龜鑑)삼을 삶의 지혜(知慧), 그리고 훌륭한 정신(넋)에 힘입어 지금의 물질적 풍요(豊饒)와 윤택한 정신문화(精神文化)를 향유하고 있다고 생각된다.

  그러나 우리 종친들은 이와 같은 오늘날의 사회 경제적인 부유함에 만족하고, 현실에 안주하는 생활을 하면서 더 나은 미래를 창조해 나갈 노력을 게을리 한다면, 그리고 밝은 미래를 향한 블루오션의 꿈을 위한 생활설계를 새롭게 꾸미지 않는다면 개인과 사회의 발전을 더 이상 기대할 수 없게 될 뿐만 아니라 새로운 역사도 이룰 수 없을 것이다.

필자가 얼마 전 유럽여행 도중에 이탈리아에서 느꼈던 인상적인 글귀가 새삼 회상된다. '장소를 바꾸고, 시간을 바꾸며, 생각을 바꾸면 미래가 바뀐다.(Changing Place, Changing Time, Changing Thouth, Changing Future)'라는 말은 중세 유럽의 르네상스 시대를 이끌었던 이탈리아의 베네치아(베니스)에 있는 국립 미술관에 게시된 글귀로서, 이는 현재의 상황에 만족하면 정체되어 발전을 기대할 수 없게 되므로 시간과 공간을 초월해서 혁신과 창의성 있는 생각을 가져야 발전된 미래를 보장받을 수 있다는 참신하고, 깨어있는 메시지임을 알 수 있다. 한편, 영국의 역사학자 아놀드 토인비(Arnold J. Toynbee, 1889~1975)는 그의 저서 『역사의 연구(The Study of History)』에서 세계적인 강대국이었던 로마제국의 멸망원인을 지적하면서 그 당시 로마인들은 돈을 벌기위해 일을 하면서 미래에 대비하지 않은 상태로 벌어들인 돈을 인생을 즐기는 데에만 사용하는 등 삶의 목적은 즐기는데 두었기 때문에 융성했던 로마제국은 순식간에 멸망했다고, 논평하고 있다.

그러므로 우리 종친들은 인생의 목적 중의 하나인 근면함과 최선을 다하는 생활자세(生活姿勢)를 함께 견지함으로써 주어진 역할(役割)과 일의 가치를 높이고, 자기성장(自己成長)과 자아완성(自我完成)의 책임을 다하는 성숙(成熟)된 삶을 살아가야 할 것이다.

창조적 삶과 종친 간 친애(親愛), 어떻게 이룰 것인가 (하)

우리 인간은 유사이래(類史以來)로 홀로 살지 않고, 이웃과 더불어 사는 존재였다. 우리는 집단적인 사회현상 속에서 태어났고, 씨족 혹은 부족들과 어울려 살다가 인간사회를 떠나는 것이 바로 삶의 종말인 죽음인 것이다.

그러므로 우리 종친들은 살아있는 동안은 '생에 감사'하고, 서로를 위해 도움을 주고받으며, 동시에 사랑을 나누면서 살아가는 사회적 존재라는 사실은 재론의 여지가 없다.

따라서 우리 종친들은 경이로운 삶에 감사해야 하고, 남을 위하는 길이 궁극적으로 나를 위하는 길이며, 이웃을 사랑하는 것(봉사하는 일)이 곧 나를 사랑하는 길이 된다는 것을 명심해야 할 것이다. 먼저 생에 감사하는 삶을 살아가는 것이 바로 창조적인 삶을 영위하는 이유(理由)이며, 목적(目的)이라는 사실을 다음과 같은 경우를 살펴보면서 고구해 본다.

중앙아메리카의 카브리해에 위치한 사회주의 혁명가 '체 게바라'와 '피델 카스트로'의 땅, 쿠바(Cuba)는 자유시장 경제 발전을 외면하는 공산체재의 국가지만, 카브리해의 청정(淸淨)하고, 낭만적인 자연경관(自然景觀)을 닮은 쿠바 국민들은 수준 높은 문학과 예술활동을 하면서 현재의 삶을 열심히 살아가는 중에도 항상 삶에 감사하는 문화(文化)와 국민정서(國民情緖)를 자랑스럽게 생각하며, 생활하고 있다고 전해진다.

여기서 쿠바의 국민시인인 '비올레타 파라'가 노래한 〈삶에 감사해(Gracias A La Vida)〉의 일부를 소개하면 다음과 같다.

내게 그토록 많은 것을 준 삶에 감사합니다. / 삶은 눈을 뜨면 흑과 백을 완벽하게 구별할 수 있는 두 샛별을 내게 주었습니다. / 그리고 높은 하늘에는 빛나는 별을, 많은 사람 중에는 내 사랑하는 이를 주었습니다. / 내게 그토록 많은 것을 준 삶에 감사합니다. / 삶은 밤과 낮에 귀뚜라미 소리와 카나리아 소리를 들려주고, / 망치소리, 터빈소리, 개 짖는 소리, 빗소리, 그리고 내가 가장 사랑하는 이의 그토록 부드러운 목소리를 녹음해 넣을 수 있는 넓은 귀를 주었답니다. / 내게 그토록 많은 것을 준 삶에 감사합니다. / 삶은 생각하고, 그 생각을 주장할 수 있는 언어와 소리와 알파벳을 선사하고, / 어머니와 형제와 친구들, 그리고 내가 사랑하는 이의 영혼(靈魂)의 길을 밝혀주는 빛도 주었구요. (중략) 내게 그토록 많은 것을 준 삶에 감사합니다. / 인간의 정신이 열매를 거두는 것을 볼 때, / 그리고 당신의 맑은 눈의 깊은 곳을 응시할 때, / 삶은 내게 그 틀을 뒤흔드는 마음을 선사했습니다. / 삶은 내게 웃음과 눈물을 주어 슬픔과 행복을 구별할 수 있게 해주

었습니다. (후략)

이와 같은 생을 감사(感謝)하고, 찬미(讚美)하는 시를 통해 우리 종친들은 라틴 아메리카 사람들이 비록 우리의 문화(文化)와 정서(情緒), 그리고 생활모습은 다를지라도 경이로운 삶을 감사하는 마음은 우리 종친들과 본질적으로 같다는 것을 느꼈을 것이다.

우리의 삶은 한 순간 한 순간이 얼마나 소중하며, 이는 결코 그 순간들을 누군가에게 착취당하거나 억압당하는데 헛되게 보내서는 안 된다는 것을 담담하게 인식시켜 주었음을 알게 해주었다. 그리고 지금 사랑히는 사람이 있다면 망설이지 말고 달려가야 한다는 것과 만일 지금 고통 받고 있다면 맞서 싸워서 함께 생을 찬미하자는 삶의 의욕을 갖게 하는 '오직 사람만이 희망'이라는 메시지를 느끼게 해주었다.

결국 감사의 삶, 긍정의 삶, 그리고 행복의 삶은 우리 종친들이 팍팍한 현실을 의연하게 살아가야 할 진정한 이유라는 것을 깨닫게 해주었다고 생각한다.

다음은 우리 종친들이 살아가면서 남을 위해 사랑(친애)하고, 널리 통섭(通涉)하면서 나의 재능과 손길을 필요로 하는 이웃을 위해 봉사하는 생활을 해 나가는 것도 경이로운 생에 감사하는 삶과 함께 창조적인 삶을 이룰 수 있는 길이 될 것이라고 믿어진다.

우리 종친들도 잘 알고 있듯이 동서고금(東西古今)을 통해 많은 사람들이 공자(유교), 석가(불교), 예수(기독교)와 같은 인류의 성인(聖人)들을 위대한 인물로 존경하는 이유는 그들이 인간에의 봉사를 그 누구보다도 지성스럽게 가르쳐 주었기 때문이라고 생각한다.

첨단 과학 문명이 발달한 오늘날 아인슈타인(Albert Einstein, 1879~1955)은 일찍이 유학(儒學)의 정신문화(精神文化)를 집대성한 공자(孔子)보다 위대한 과학자였으나 공자가 인류의 스승이 된 것은 바로 그 인간에의 봉사정신(奉仕精神) 때문이라고 생각한다.

일반적으로 우리가 이웃에게 봉사하는 것을 대단히 어려운 일인 것처럼 착각하기 쉬운데 남을 위한 봉사의 길은 마음의 결정(決定)과 실천(實踐)이 문제이지 언제 어디서나 할 수 있으며, 우리 종친들 누구나 큰 부담 없이 할 수 있는 일이라고 판단된다.

그래서 자신의 생업에 큰 지장을 초래하지 않는 범위 내에서 공중질서의 유지를 도모하는 데 요구되는 봉사활동(奉仕活動)을 할 수도 있고, 각종행사의 안내 등 거리에 나가서 친절을 베푸는 봉사를 할 수도 있으며, 병·의원이나 고아원, 양로원을 방문하여 어려움을 겪는 사람들을 돕는 일을 할 수도 있을 것이다.

그러므로 '지혜로운 사람은 이상(理想)과 실천과정(實踐過程)을 함께 중요시하며, 삶의 목적(목표)과 실행방법(實行方法)을 모두 같은 비중으로 취급하여 구체화한다'는 말이 있듯이 우리 종친들은 오욕(五慾)과 칠정(七情)의 와중에서 이상(理想)을 추구하며, 살아가는 현실 생활과정에서 종친 간 친애와 널리 통섭하고, 절대 긍정(肯定)과 자신감(自信感)을 갖고, 자신의 잠재능력(潛在能力)을 계발하며, 삶에 감사하면서 동시에 이웃에 봉사(奉仕)하는 삶을 살아가는 것이 바로 창조적인 삶을 영위하는 길임을 명심해야 할 것이다.

제3부

육영정신의 구현 인애사상에 의한 교육이념의 실현

1. 육영이념(育英理念)의 실현과 종친의 사명(使命)

　우리 박씨대종친회는 그동안 시조대왕이신 박혁거세 거서간님의
광명이세(光明理世) 이념을 본받고, 명현선조님들의 위업과 애족, 애
종정신을 계승·발전시켜 나가는 데 진력하고 있다.

　또한 종강삼시(宗綱三是)의 구현(具現)을 지향하면서 종친회의 활
성화 도모를 의연하게 추진해 나가고 있는 자생적 친목 단체로 발
전해 나가고 있다.

　이와 같은 종친회들의 활성화 노력은 현실적인 제반 여건의 어려
움 속에서도 뜻있는 많은 종친들의 관심과 참여에 힘입어 면면히 지
속됨으로써, 여타 성씨의 종친회보다 규모와 내실면에서 발군의 면
모를 보이고 있으며 돈목, 단합된 조직체로서의 기능과 역할을 원
활히 수행하고 있다는 것은 주지의 사실이라 할 수 있다.

　그러나 일부 종친회의 경우를 제외하고는 운영 면에서 볼 때 종강
삼시중 숭조정신의 창달(暢達)을 위한 노력과 애종 의식의 구현을 위
한 각종 활동은 각 지역의 특수성과 대·소 종친회의 실정에 부합되
게 이행하고 있는 것으로 파악되고 있으나 아직도 상당수의 종친회
는 장래가 촉망되는 우수한 젊은 후손(학생)들에게 면학(勉學)을 뒷받
침할 수 있는 현실적인 후원 대책 즉, '박씨 종친 육영장학회'의 결성,
운영 등의 노력이 크게 미흡한 상황에 있지 않으냐 하는 현상을 고려
해볼 때, 이러한 '미흡한 수준의 육영이념의 실현상황'이라는 현안과

제는 앞으로 우리 박씨 종친회가 시급히 해결해 나가야 할 과제라고 판단되어 다음과 같은 의견을 개진(開陣)하게 된 것임을 밝혀 둔다.

종강삼시 기본 이념의 조화로운 구현으로
종친회 활성화 도모해야

오늘날 대부분의 대·소 종친회에서는 종친회 활성화를 위해 종강삼시의 숭조, 애종, 육영이념의 구현을 목표로 활발히 활동하고 있고, 아울러 종친간의 친목도모와 단합된 종친모임으로 발전시켜 나가고 있으며, 특히 정보화시대에 부응하는 종친 간 각종 정보의 공유 노력도 경주하는 등 '애종회합'의 효율적 운영을 통한 활성화 도모를 추구하고 있음은 매우 바람직한 종친회 활동이라고 사료된다.

그런데, 여기서 간과해서는 안 될 중요한 종친회 활동 한 가지를 지적하고자 하는 바, 이는 종강삼시 중 육영이념의 구현이 현실적인 재정적 부담으로 인해 극히 형식적으로만 추진되고 있지 않나 생각되어 아쉬움을 금치 못하고 있다.

사실 대부분의 대·소 종친회에서는 숭조와 애종이념의 구현은 바람직한 방법과 수준으로 이루어지고 있으나 육영이념의 구현이 거의 구호에만 그치고 있지 않나 생각되어 금후 이의 해결방안 및 대비책이 심도 있게 연구, 실현되어야 할 것이다.

따라서 종친회의 활동이 종친회원만의 친목도모와 화합 및 단합의 단계에 머물러 있어서는 안 되며, 숭조정신의 발현(發現)을 위한 노력과 함께 애종 의식의 활발한 구현(具現) 활동과 병행해서 '육영이념(育英理念)의 실현(實現)'을 위해서도 종친들의 중지와 지혜를 모아 종친회 자체 육영 장학회(가칭)의 설립 및 운용이 가능하도록 함으로써 종친회의 자체지역내의 장래가 촉망되고 우수한 박씨종친 후손(우수 중, 고등학생 등)이 더욱 분발해서 열심히 공부할 수 있도록 이들을 뒷받침해 줄 수 있는 '박씨 종친 장학 기금'의 모금(募金)을 통한 장학회(獎學會)를 시급히 결성, 운영해야 할 것이다.

육영이념 실현방안은 실천 가능하도록 중·장기적으로 세워야

일반적으로 종친회에서 육영이념을 구현해 나갈 수 있도록 계획 및 실시 방안을 수립함에 있어서는 반드시 종친회의 실정과 입장을 감안, 단계적으로 실현 가능하도록 세워야 한다.

이렇게 하기 위해서는 종친회에서 우선 '육영사업의 중장기 추진 방안'의 수립과 관련된 제반여건 등에 대해 각 종친회에서 사전에 공식적인 논의를 심도 있게 토론한 다음 '육영방안 수립 방침의 확정→동 방안의 구체적(단계적)계획 수립시행→육영 기금의 책정→원로 종친 및 종친회 회장단에서 육영기금을 각기 시범적으로 헌금(모금)→중장기(3~5년)적인 육영사업 계획을 토대로 기본적인 육영사업 개시' 등의 준비와 절차를 거쳐 추진토록 하여야 할 것이다.

이와 같은 계획과 방안 데로 할 수만 있다면 대체로 향후 3~5년 후에는 부족하나마 육영사업을 추진해 나갈 수 있는 계획과 방안 및 단계별 세부 추진 방침 등이 세워짐으로써 육영이념의 실현의 첫 걸음을 내딛을 수 있게 될 것이다.

물론 시행 초기에는 목표에 크게 미흡하더라도 점차 종친들의 호응과 참여가 점증됨으로써 궁극적으로는 육영이념을 능동적으로 실현해 나갈 수 있기 때문에 종친회의 활성화는 명실 공히 가속화 될 수 있을 것으로 판단된다.

선조님들의 애종정신과 인애사상의 가르침 본받아
종친의 사명·소임 다해야

우리 박씨 종친들은 모름지기 명현선조님들의 위대한 업적과 애종정신을 길이 본받고 조상님에 대한 추원보본(追遠報本)의 정신을 지켜나가야 할 소임(所任)을 갖고 있음을 새삼 인식해야 할 것이다.

또한 오늘날 우리 종친들은 급변하는 현실 상황과 날로 발전해 가는 시대 상황 등에 적극 부응(副應)하여 후손들의 육영에 큰 가치와 보람을 부여, 젊은 후진들을 적극 뒷받침해 주어야 할 시대적 사명(使命)을 다할 수 있도록 노력해야 할 것이다.

그러므로 우리종친회의 회시(會是)이자 목표인 종강삼시의 육영이념의 실현을 위한 노력은 숭조 및 애종 이념의 구현 못지않게 중요한 이유가 바로 여기에 있다고 사료된다.

한편 고대 중국의 성현(聖賢)인 공자(孔子)님께서는 일찍이 인애사상(仁愛思想)을 『논어(論語)』의 자한(子罕)편을 통해 '젊은 후진(후손)들을 두려워해야 한다. 그들의 장래 학문(내일의 그들)이 오늘의 우리보다 못하다고 어찌 생각하리오'라고 해서 늘 '젊은이들의 학문과 장래 문제에 많은 관심과 지원을 아끼지 말아야 함'을 가르치고 있고, 후손들이 잘되기를 바랐던 것이다.

또한 공자님은 옳고 뜻있는 일이라면 반드시 신념(信念)과 자신감(自信感)을 갖고 남이야 뭐라 하든지 자신이 할 일을 찾아 실행해 옮겨야 함을 가르치시고 우리 모두는 실천가(實踐家)가 되어야 한다고 강조했던 것이다.

그러므로 우리 박씨 종친들은 자신의 삶에 충실하면서도 항상 나는 자랑스러운 성손(聖孫)으로서 우리 종친회가 나에게 무엇을 해줄 것인가를 바라기에 앞서 나는 종친들과 후손들을 위해 무슨 뜻있는 일(봉사)을 할 것인가. 그리고 우리 종친 후손들의 활기찬 배움의 분위기(여건) 조성에 작은 정성이라도 기여할 방법은 없는가 등을 먼저 생각하고 옳은 일이라고 판단될 때에는 신념을 갖고 반드시 실천하도록 함으로써 대·소 종친회는 비로소 후진(후손)들의 면학(勉學)을 후원할 수 있는 시스템(체재)인 '종친 육영 장학회'의 운영이 점차 가능하게 되리라고 사료된다.

2. 육영정신(育英 精神)의 구현과 인애사상(仁愛思想)
에의한 교육이념(敎育 理念)의 실현 (상)

그동안 전국의 대·소 종친회에서는 종친회의 활성화를 도모하기 위하여 뜻있는 종친들과 종사활동을 함에 있어 열의가 대단한 종친들이 (사)신라오릉보존회 박씨대종친회의 원활한 운영에 진력해 옴으로써 본회가 오늘날과 같은 유수한 종친단체로 발전할 수 있게 되었다는 것은 매우 바람직한 현상이며, 이에 대하여 본인은 종친회의 한 사람으로 종친회의 활성화에 제대로 기여하지 못하고 지내온 면이 없지 않았던 것 같아 송구스러운 마음을 금할 길이 없다는 것이 요즈음의 솔직한 심정이다.

그러므로 앞으로 본회의 회시인 숭조, 애종정신 구현을 위한 적극적인 활동과 더불어 봉사정신으로 가능한 한 진력해 나갈 것임은 물론 특히 '육영정신의 구현'에 많은 연구와 노력을 해나갈 것임을 새삼 다짐해 본다.

사실 돌이켜보면 대·소 종친회에서 숭조와 애종정신의 구현은 어느 정도 바람직하게 운영되고 있는 것으로 파악되고 있다. 그러나 육영정신의 구현 노력이 미흡하게 이루어지고 있거나 대부분 형식적인 구호에만 그치고 있다고 사료됨에 따라 금후 대·소 종친회에서는 육영이념의 구현방안 및 기본적이고 모범이 될 수 있는 육영정신에 관한 심도 있는 연구가 뒷받침되어야 할 것으로 생각된다.

따라서 본란을 통하여 앞으로 3회에 걸쳐 본 종친회에서 구현해 나갈 바람직한 육영정신을 공자의 인애사상(仁愛思想)에 따른 교육 이념(敎育理念)을 중심으로 고구해 보는 것도 긴요할 것으로 사료되어 이에 관한 소견을 피력해 본다.

유도(儒道)의 근본정신과 인애사상(仁愛思想)의 핵심적인 가르침을 본 종친회의 회시의 하나인 '육영정신'의 근간으로 삼아 창달해 나가야

오늘날 인류학적 문화를 기준으로 볼 때 우리 인류의 역사는 약 5500년 전부터 시작되었고 전해지고 있다. 그런데 그동안 우리 인류의 정신적 지주역할을 해온 4대 성인(聖人)들의 중요한 가르침을 시공(時空)을 초월해 살펴보면 공통적으로 인도주의(人道主義)사상에 근거해서 도(道)를 밝히고 이를 가르쳐 왔음을 알 수 있다.

즉, 약 3000년 전에 석가모니(釋迦牟尼)는 인도로 와서 불도(佛道)를 밝혔고, 약 2500년 전에 공자(孔子)는 중국으로 와서 유도(儒道)를 밝혔으며, 약 2000년 전에 예수(耶蘇)는 서양으로 와서 서도(西道, 또는 西仙)를 밝혔는데, 중국의 노자(老子)는 선도(仙道)를 밝혔다고 볼 수 있다. 이 선도는 바로 동양적인 도로서 동선(東仙)이라고

할 수 있다.

여기서 공자의 핵심적인 가르침인 유도와 관련해서 볼 때 공자가 말하는 도(道)는 일정한 곳이나 사상에 고착된 것, 객관화 된 것, 또는 움직이지 않는 진리(眞理)가 아니다.

이것은 더욱 넓혀 가는 것, 변화하는 것, 창조하는 것이라 할 수 있다. 이것은 생각하는 주체자의 창조성(創造性)에 따라 바뀔 수 있다는 것이다.

다시 말하면 사람의 능력에 따라 끊임없이 넓혀가는 개념인 것이다. 따라서 변화한다는 것은 끊임없이 자기 자신부터 변화시키는 데서 오는 것이며, 자기의 변화는 창조적 자아(自我)로 서서 세상을 바라볼 때만이 가능한 것이라고 할 수 있다.

그래서 유학(儒學)의 경전중 하나인 『대학(大學)』에서도 '일신 우 일신(日新 又 日新)'적인 삶을 강조하고 있다. 이는 매일매일 새로운 생각으로 자신을 변화시키라는 뜻이며, 무의미한 세계에서 의미(意味)를 이끌어 내고, 의미의 씨(The Seed of Meaning)를 뿌려 넓히는 것은 생각하는 능력(能力)에서 비롯되는 것이라고 할 수 있다.

또한 공자는 배움의 중요성을 강조하면서 '내가 일찍이 종일 먹지 아니하고 잠자지 아니하여도 이로움이 없는 지라 배움만 못하였다' 라고 하고, '사람이 도를 넓히는 것이지 도가 사람을 넓히는 것이 아니다'라고 『논어』의 위령공편을 통해 가르쳤는데, 여기서 말한 도(道)의 의미는 다분히 사유적인 창조성을 강조하고 있다.

그리고 '아침에 도를 들으면 저녁에 죽어도 좋다'라고 『논어』의 이 인편에서 말한 도도 창조적 자아(自我)의 설정이 내포되어 있는 것으로 볼 수 있다.

이와 같은 유도의 근본정신과 가르침을 우리 종친회에서는 앞으로 창달해 나갈 육영정신의 근간으로 삼아야 할 것이다.

 육영정신(育英精神)의 구현과 인애사상(仁愛思想) 에 의한 교육이념(敎育理念)의 실현 (중)

일찍이 유도(儒道)를 가르친 공자의 인애사상(仁愛思想)은 바로 유도의 근본정신에서 출발한 것이라고 할 수 있으며, 이것은 공자의 일관된 도로서 공자의 제자 중 한사람인 증자(曾子)는 이것을 충서(忠恕)라고 했는데, 여기서 말하는 충(忠)은 실행함에 있어 믿음이 있는 것으로서 자신의 수양에 속하고, 서(恕)는 자신의 마음을 미루어 남을 생각하는 것 즉, 용서(容恕)로서 사람을 다스리는 것에 속한 다고 볼 수 있다.

그리고 인(仁)은 효행(孝行)을 최고의 선(善)으로 하는 인륜적 본질을 바탕으로 하고 있다. 이것이 바로 동양적인 인도주의(人道主義)라고 할 수 있다. 공자가 부르짖는 것은 인(仁)을 바탕으로 자기 수양을 이루며, 효도와 공경을 돈독히 해야 하고 가족과 친척을 사랑하듯 충서(忠恕)를 자신의 몸과 같이하여 남을 공경할 줄 아는 것이 바로 인애사상의 본질이라고 가르치고 있음을 알 수 있다.

우리나라에 유교가 전래된 것은 약 2000년 전으로 추정되고 있는데, 공자의 가르침 중에서 가장 많이 화두에 오르는 것은 앞에서 살펴본 인애사상과 함께 공자와 그의 제자 중의 한 사람인 자공(子貢)과의 유명한 대화였다고 한다.

어느 날 자공이 묻기를 '한 마디로 사람이 평생토록 꾸준히 실행(實行)해야 할 것이 있다면 그것은 무엇입니까?'라고 물으니 공자가 대답하기를 '그것은 서(恕)이다. 즉 사람이 자기가 원하지 않는 것은 남에게 베풀지 말라'라는 가르침이라든가 '어진 자는 내가 서고 싶으면 남을 먼저 세워주고, 내가 이루고자 하면 남을 먼저 도달하게 해주도록 해야 하는 것이니라'라고 하는 가르침과 아울러 '인간의 평등사상을 강조한 가르침' 등을 들 수 있을 것이다. 그것은 바로 『대학』에서 말하는 '혈구지도(絜矩之道)'로서 역시 평등사상을 강조한 말임을 알 수 있다.

여기서 말하는 혈구지도란 '윗사람에게 싫다고 느껴진 것으로 아랫사람에게 부리지 말 것이며, 아랫사람에게서 싫다고 느껴진 것으로 윗사람을 섬기지 말 것이며, 앞사람에게서 싫다고 느껴진 것으로 뒷사람에게 먼저 하게 하지 말 것이며, 뒷사람에게 싫다고 느껴진 것으로 앞사람을 따르지 말 일이며, 오른쪽 사람에게 싫다고 느껴진 것으로 왼쪽 사람에게 건네지 말 일이며, 왼쪽 사람에게 싫

다고 느껴진 것으로 오른쪽 사람에게 건네지 말 것이라는 가르침'
인 것이다.

**공자의 교육사상과 교육이념을 현대적으로 재해석하고 현실에
부합되게 응용하여 후손들의 가르침에 활용, 육영정신의 구현을
위한 본질로 삼아야**

물론 공자는 아무에게나 가르치고 교육한 것은 아니다. 이는 공
자는 '배우고자 뜻을 진닌 사람에게는 반드시 가리지 않고 교육해
준다'는 뜻으로 이해할 수 있다.

또한 공자는 '스스로 분발하는 사람이 아니면, 일깨워 주지 아니
하며, 노력하지 아니하면 일으켜주지 않으며, 한 귀퉁이를 일러 나
머지 세 귀퉁이를 스스로 깨우치지 않으면 다시 가르치지 않는다'
라고 『논어』의 술이편(述而編)에서 가르치고 있다.

여기서 공자의 교육관을 통해서 본 종친회의 회시 중 하나인 육영
이념과 정신을 깊이 있게 살펴보는 것도 의미가 있을 것이다.

『논어』의 학이편(學而編)에 의하면 '젊은이들은 가정에서 부모에게
효도하며, 밖에서는 어르신들을 존경하고 모든 일을 삼가며, 말이
성실해야 한다. 또한 사람들을 차별 없이 널리 사랑하며 특히 어
진 이들을 가까이 사귀어야 한다. 이러한 일을 다 하고 남은 여력
이 있으면 학문(學問)에 정진(精進)해야 한다'라고 가르치고 있음에

비추어볼 때 공자가 도덕적인 실천(實踐)을 얼마나 중요시 하였는가를 알 수 있다.

여기서 『논어』의 학이편, 술이편 및 위정편 등에서 밝히고 있는 공자의 핵심적인 교육사상을 알아보면서 구체적인 교육이념 및 방법 등을 고구해 본다.

 ## 육영정신(育英精神)의 구현과 인애사상(仁愛思想) 에 의한 교육이념(敎育理念)의 실현 (하)

먼저 공자는 제자들을 가르치고 깨우치게 하는 데 있어서 감화(感化)를 위주로 했음을 알 수 있다. 자기 자신이 행동으로 시범(示範)을 해 보임으로써 제자들이 감화를 받아 스스로 깨닫게 하였다. 그러므로 아무리 성격이 거친 사람이라도 일단 공자의 가르침을 받게 되면 스승의 인격(人格)에 감화되어 은연중에 그 성격적인 결함을 교화(敎化)받게 되었다고 한다.

둘째로 피 교육자의 개성(個性)을 존중하였다. 즉 제자들의 재능, 성격, 취미, 지식 정도에 따라서 이에 알맞은 적절한 교육을 실시하였던 것이다.

그래서 같은 내용의 질문을 받고서도 성격과 재능 등을 참작하여 각기 적절하게 조금씩 다르게 응답하고 가르쳤다.

셋째로 문답식 교육(問答式 敎育)에 치중하였다. 제자들로 하여금 질문을 던지게 하여 직접 대화를 나누는 가운데 자연스럽게 문제를 깨치게 하는 법으로서 공자는 『논어』의 술이편에서 이렇게 가르치고 있다. '나는 스스로 알려고 애쓰지 않는 사람은 가르쳐 주지 않고 해명하려고 애쓰지 않는 사람은 깨우쳐 주지 않는다. 그리고 한 모서리를 들어주어 나머지 세 모서리를 알지 못하는 사람은 되풀이하여 가르쳐 주지 않는다.'

즉, 공자는 가르쳐 주기에 앞서 상대방의 열의를 촉구하고 되도록 스스로 깨치게끔 유도하고, 계발(啓發)해 주었던 것이다.

네 번째로 전인교육(全人敎育)을 들 수 있다. 즉, 인간의 어느 한 면만을 편중해서 육성시키는 것이 아니라 모든 기능과 가능성을 고르게, 조화롭게 발전시키도록 가르치고 있다.

『논어』의 위정편에서 '군자는 한 가지 그릇이 되어서는 안 된다'는 글은 그의 가르침이 이를 잘 대변해 주고 있는데 '인간은 풍부한 교양(敎養)과 인격(人格)을 길러 원만한 사회생활을 영위할 수 있어야 한다는 것'을 목표로 한 가르침인 것을 알 수 있다.

오늘날 현대사회에 있어서 피 교육자가 자신의 전공분야에만 매진함에 따라 기형적인 인간이 속출하는 경향이 많은데, 이러한 현상이 비록 시대적인 요청이라 할지라도 이것은 분명히 과학문명이 낳은 폐단으로써 반드시 재고되고, 시정되어야 할 것으로 사료된다.

마지막으로 실용주의(實用主義) 교육을 들 수 있다. 원래 공자의 교육목표가 수양을 쌓고 인격을 길러 나라를 바로 잡을 수 있는 일꾼을 기르는 데 있었던 만큼 어디까지나 현실에 눈을 돌려 슬기롭게 적응할 수 있는 인재를 기르도록 하였던 것임을 알 수 있다.

이와 같이 공자의 교육관은 처음부터 다소 정치성을 띠고 있었으나, 다른 한편으로는 오직 상아탑(象牙塔)의 교육이 아니라 현실 참여의 인재를 길러내려는 것이 중요한 목표였다고 볼 수 있다.

우리 종친회의 종친들은 인애사상에 의한 교육이념을 실현함에 있어 옳고 뜻있는 일이라면 신념과 자신감을 갖고, 능력 것 육영 정신을 구현해 나가야

그러므로 탁상공론(卓上空論)을 배격하고 지식을 위한 지식이 아니라 실천을 위한 지식, 실행을 위한 지식을 공자는 가르쳤다고 볼 수 있다.

『논어』의 이인편(里仁編)에서는 '군자는 말은 더디고 행동은 민첩해야 한다'라고 가르치고 있는데 이와 같은 실천이 결코 용이한 일이 아님을 공자는 『논어』의 술이편을 통해서 다음과 같이 스스로 밝히고 있다. '학문이라면 누구나 남만큼 할 수 있다고 생각하지만 군자의 도(道)를 실천하는 것은 아직도 쉽게 할 수 없구나'

『논어』의 위령공편(衛靈公編)을 통하여 공자는 '군자는 자기의 무능을 병(病)으로 안다'라고 말하고 있음에 비추어 공자의 위대한 교육적 사명에 대한 굽힐 줄 모르는 의욕을 느낄 수 있다.

이와 같이 공자가 펼쳐온 심오하고 구체적인 교육이념 및 방법의 특징을 살펴볼 때 약 2500여 년의 시공을 뛰어넘는 오늘날에도 훌륭한 교육 사상 및 교육 이념으로 높이 평가되고 있을 뿐만 아니라 현대적인 교육사상으로 재평가 할 수 있어 우리 종친들은 이를 귀감 삼아 육영정신의 구현활동에 적극 참작해야 될 것이라고 판단된다.

그러므로 본 종친회에서 육영정신을 구현해 나가는 데 있어서 공자의 교육사상과 교육이념 등을 현대적으로 재해석하고, 오늘날의 현실에 부합되게 응용, 육영정신의 본질로 삼아야 할 것으로 사료된다.

특히 우리 종친들은 후손들의 미래지향적인 삶의 영위가 가능하도록 그들에게 배움의 여건조성에 적극 기여할 수 있도록 배전의 노력을 해야 할 것이다.

3. 종친회의 활성화 과제(活性化 課題)와
종친 수범사항(垂範事項)'의 구현(具現) (상)

　그동안 본 종친회의 종친들은 훌륭한 삶의 경륜과 지혜 및 덕망을 갖추고, 가정과 사회의 어른으로써 품위 있는 자세를 견지하면서 생활해 왔다고 믿어진다.

　그리고 안으로는 한 가문을 수성 제가하고, 밖으로는 사회 경제적 발전에 기여해 왔다고 보여 진다. 또한 성손으로서의 기본 도리를 지켜나감으로써 존경 받을 만한 위치에 있는 종친들이 많다는 것이 우리 박씨 종친들의 자랑이라고 생각된다.

　그러나 다른 한편으로는 이러한 종친들의 삶의 지혜와 경륜과 덕망을 본 종친회의 활성화를 위하여 좀 더 적극적으로 발현시켜 나가야 할 필요가 있다고 사료되는 바, 우리 종친들은 대외적으로는 지역사회 발전에 적극 참여(자원봉사활동)토록하고, 신세대 후손들을 능동적으로 계도시키는 종회활동(애종, 육영 활동) 등의 구현 노력을 경주해 나가야 하겠다.

　그리고 대내적으로는 종친 간 친애, 상호존중, 화합하는 현종(顯宗)다운 품행의 유지 노력이 더욱 요망되고 있는 실정에 있지 않느냐 하는 것이 본 필자의 생각이다.

따라서 앞으로 종친회를 가일층 활성화시켜 나가는 데 있어서 선결해야 할 주요 과제와 우리 종친들이 실천해 나가야 할 '종친수범사항'(가칭)을 만들어 이를 생활화 하도록 하는 방안 등을 2회에 걸쳐 예의(銳意) 고구(考究)해 보고자 한다.

　종친회의 활성화 주요과제는 신규 종친의 영입 및 규합으로 종친회 외연을 확대 시키고, 솔선 봉사 수범 및 상호 돈목, 화합하는 종친다운 품행 유지로 종친회의 내실 있는 활성화를 도모해 나가야

　오늘날 (사)신라오릉보존회 박씨대종친회는 결성 운영된 지 어느덧 반세기(1959년도 창설)가 되는 경륜을 쌓아 오면서 여러 뜻있는 종친들의 헌신적인 봉사와 종사활동의 결과 현재와 같은 유수한 종친단체로 발전해 왔으며, 그동안 본회는 우리 종친들의 삶에 활력을 불어넣어 주었고, 생활을 윤택하게 하는 데 큰 역할을 해왔다고 생각된다.

　우리 종친회는 변화와 발전의 시대에 적극 부응하고, 신세대 후손들의 감각을 감안, 우리 씨족의 새로운 정체성과 명현선조님의 훌륭한 삶의 지혜, 위업, 정신(넋)을 새롭게 가르치는 등 새 시대에 걸맞은 새로운 인식을 고취시켜야 할 시대적 사명(時代的 使命)을 다하기 위하여 전국의 대·소 종친회의 활성화에 더욱 진력해 나가야 할 것이다.

우리 종친들이 종친회 운영을 가일층 활성화시켜 나가야 하는 이유가 바로 여기에 있다고 하겠다. 그러므로 앞으로 우리 종친회를 가일층 활성화시켜 나가는 데 있어 우선 해결해야 할 과제는 크게 두 가지를 고려해 볼 수 있을 것이다.

먼저 대외적인 과제로는 전국의 대·소 종친회가 현재 지역사회에 거주하고 있는 종친(인구의 약 10%가 박씨 성을 갖고 있는 것으로 추정)들의 지속적인 신규 영입, 규합 노력을 하고, 실천 가능한 방안을 강구하여 조직적으로 추진함으로써 본 종친회원수의 획기적인 증대를 통한 종친회의 외연(外延)을 확대해 나가야 할 것이 요망된다.

물론 이와 같은 과제는 종친회의 활성화를 도모하는 데 있어서 매우 중요하면서도 어려움이 따르는 것이 사실이지만 이의 실현 없이는 활성화의 효과를 기대할 수 없다.

그리고 가시적인 성과를 거두기 위해서는 종친회원들이 각기 신규 종친영입을 위한 '종친규합 할당제'를 채택, 일정한 '인센티브'를 부여하는 방안도 고려해 볼 수 있을 것이다.

다음은 대내적인 과제로서 본회의 종친회원들이 각기 재능과 역량에 따라 종친회의 활성화를 위한 소정의 역할을 분담, 종사와 봉사활동을 병행해 나감으로써 종친회의 자체적으로는 창의적이고 생산적인 종회 활동을 담보할 수 있게 되고, 내실 있는 활성화가 이루어질 수 있게 되며, 외부적으로는 애종과 육영정신의 구현 및 지역사회 발전에 기여할 수 있게 됨으로써 자연스럽게 종친회의 활성화를 도모할 수 있게 될 것으로 판단된다.

여기서 간과해서는 안 될 사항은 종친회원 상호 간에 긴밀한 유대와 상호 의견존중 및 종친 간 친애, 돈목하는 분위기의 조성이 반드시 선결되어야 함은 재론의 여지가 없다.

 종친회의 활성화 과제(活性化 課題)와
「종친 수범사항(垂範事項)」의 구현(具現) (하)

그런데 만일 종친회 자체 내에서 종사를 위해 열심히 봉사하고, 활성화를 위해 헌신적으로 활동하는 종친이 있는가 하면 이러한 종친에 대해 격려하고, 협조하는 대신 대안 없는 비평만 하는 종친이 있다고 가정한다면 이와 같은 종친은 곧, 종친회의 활성화와 변화 및 개선 발전에 걸림돌이 되고, 별로 도움이 되지 못하는 결과만 초래할 수 있다고 보기 때문에 이런 경우는 결코 바람직하지 않으며, 지양 되어야 할 것이지만 현실적으로 볼 때 이러한 가능성을 전혀 배제할 수는 없다고 사료됨으로 우리 종친들은 이러한 경우도 깊이 유의해서 성손답게 종친회를 위해 모범적인 품행과 자세를 견지해 나가야 할 과제 중의 하나라고 생각된다.

'종친 수범사항'(가칭)의 구현을 통한 종친회 활성화 도모와 새로운 종친문화를 창달해나가야 변화와 발전으로 활성화가 가능 시 돼

각 종친회에서는 활성화 도모 차원에서 '종친 수범사항'(가칭)을 아래와 같이 검토 수립해 실행토록 할 필요가 있다고 본다.

우리 박씨 종친들은 이 시대와 사회의 어른으로서 항상 후손들에게 솔선수범 하는 자세를 지니는 동시에 우리 종친들이 체험한 고귀한 경험, 업적, 지혜 그리고 명현선조님들의 훌륭한 삶의 지혜와 정신(넋)을 후손들에게 계승 시켜나가야 한다.

그리고 이를 육영정신에 입각하여 잘 가르치고 전수해야 할 사명감을 자각하면서 다음 사항의 실천을 위해 함께 노력하여야 한다.

첫째, 우리 종친들은 상호 친애, 존중, 돈목하고 가정이나 사회에서 존경받는 종친이 되도록 노력한다.

둘째, 우리 종친들은 추원보본의 정신으로 조상님들을 숭모하고 경로효친의 윤리관과 전통적인 가족제도가 유지 발전되도록 노력한다.

셋째, 우리 종친들은 육영정신을 구현하고, 후손들을 선도하며 종친 간 화합 및 이웃에 봉사하도록 노력한다.

넷째, 우리 종친들은 항상 숭조, 애종, 육영정신의 구현에 진력하고 종친회의 활성화 발전을 위하여 전통적인 종친회의 가치관과

기존 관습 중 계승 발전 시킬만한 훌륭한 체재나 방식은 유지하되, 변화와 발전의 시대 상황을 감안하고 신세대 후손들의 출중하고 참신한 인식 및 감각을 적극 선별, 수용해 가면서 종친회의 활성화를 모색해 나가도록 노력한다.

따라서 앞으로 전국의 대·소 종친회에서 종사활동을 하는 우리 종친들은 성손으로서 존경받는 이 시대의 어른다운 자세를 견지해 나가면서 종친 간 친애와 돈목하고, 상호 화합, 존경하며, 본 종친회의 회시인 종강삼시 정신의 구현을 위하여 함께 노력하는 '새로운 종친문화(宗親文化) 창달'에 진력해 나가야 할 것이다.

현실적으로 볼 때, 일반적으로 종친의 일원으로 종친회의 대·소 종회 활동에 단순히 참여하는 것도 의미 있는 일이지만 '종사의 효율성 제고와 종친회의 활성화'를 더욱 효과적으로 이룩하기 위해서는 앞에서 제기된 주요 활성화 과제의 선결과 함께 '종친 수범사항' (가칭)의 수립, 이행이 긴요할 것으로 믿어진다.

4. 윤리·도덕성 회복(回復)과 종친회의 역할 제고(提高) (상)

　　오늘날 우리나라는 20세기 중반 이후 사회 경제적으로 괄목할만한 성장과 발전을 거듭해왔으며, 이에 따라 물질적으로 풍족한 시대에 살고 있는 우리 종친들은 그동안 수많은 명현선조님들이 어려운 여건과 궁핍한 삶을 영위하면서도 국가와 사회를 위해 헌신적으로 멸사봉공(滅私奉公)하며, 훌륭한 위업과 새로운 역사를 이룩해왔던 시기와는 격세지감(隔世之感)을 느낄 정도로 풍요로운 생활을 향유하고 있다.

　　특히 우리 500만 박씨 종친들은 글로벌(Global)시대에 살면서 국내외에서 성손으로서의 자긍심을 갖고, 각계 각 분야의 역군으로서 존재가치와 역량을 발휘하며, 살아가고 있다.

　　또한 우리 종친들은 명문대가(名門大家)의 한 가족의식과 한 뿌리 자손으로서의 전통과 역사를 자랑스럽게 생각하면서 더욱 풍요로운 삶을 이룩하기 위하여 항상 미래지향적인 열정을 갖고, 활기찬 삶을 영위해 나가고 있는 것으로 믿어진다.

　　그러나 19세기 이후 세계적인 개방화의 시대조류에 따라 서양문물이 급격히 유입됨으로써 우리의 전통의식과 문화가 무분별하게 서구화되고, 경제적 성장과정에서 생활방식과 양상이 산업화와 도시화 발전으로 인해 과도하게 물질만능적으로 변화되어 우리 고유의 윤리의식(倫理意識)이 피폐해지고, 도덕관념(道德觀念)이 희박해져 가는 등 삼강오륜(三綱五倫)의 전통적인 윤리, 도덕질서가 붕괴되어 가는 사회적 중병을 앓고 있다는 것이 현실이라는 사실을 부정할 사람은 아무도 없을 것이다.

그러므로 필자는 이와 같은 우리 사회의 실추된 윤리의식을 강화하고, 저상된 도덕성을 회복시켜 나가는데 우리 종친회가 기여할 수 있는 방도는 없을까? 우리 박씨 종친회가 솔선해서 각 가정과 사회의 도덕성 회복을 위해 사회 계몽운동 차원에서 자발적으로 일정한 역할을 해나갈 방법은 없을까? 등에 관해서 금후 3회에 걸쳐 종친들과 함께 성찰해본다.

일반적으로 우리 종친들이 도덕성(道德性)을 말할 경우에는 '사람들이 어울려서 살아가는 데 기본적으로 지켜나가야 할 도리(道理)로서 올바른 행동기준(行動基準)'을 지칭하는데 이는 한국, 중국, 일본 등에서의 동양문화와 사상에서는 공자(孔子, BC 552~479)에 의해 창시된 유교적인 가르침에 기인된 도덕률(道德律: 모든 사람의 실천적 행동기준)에 가까운 개념이라고 말할 수 있다.

이것은 실제로 전통 유교사상이 지향하는 이상(理想)을 나타내면서 근래에는 윤리(倫理)와도 병행해서 인식되고 있다고 볼 수 있을 것이다.

한편, 서양문화와 사상에 입각해 볼 경우에도 도덕은 '인간의 생활 습속이나 생활방식의 경험을 통해서 상호공존(相互共存)을 위해 인간집단이 지켜야 할 질서나 규범을 정하고, 그것을 엄격히 지켜나가는 데에서 생겨났던 것'으로 전해지고 있다.

여기서 그동안 우리나라에서의 전통적인 도덕성(道德性: 칸트나 헤겔에 의하면 도덕성은 주관적인 도덕의식으로 구체적인 인륜의 세계에 이르는 하나의 계기라고 갈파함)과 도덕관(道德觀)의 변천과정을 잠시 살펴보면 다음과 같다.

전통적으로 인류사회의 보편적 가치이며, 실천덕목(實踐德目)인 도덕은 일찍이 고대국가, 삼국시대, 고려시대를 거치면서 통치권 보존, 생명권, 혈연 및 지연질서, 성 질서 그리고, 재산권 보호 등 가장 원초적인 것을 바탕으로 형성되어 왔음을 알 수 있다.

먼저 종교적으로는 고려시대까지 불교(佛敎)가 이를 뒷받침하였고, 그 후 조선왕조시대에는 유교(儒敎)가 불사이주(不事二主)의 도덕관(道德觀)을 가르치면서 역사적으로 볼 때 고려말엽에 많은 유신(遺臣)들이 불의(不義)와 부도덕한 현실세계(정치)를 한탄하며, 은둔(隱遁)의 길을 택하기에 이르기도 했다는 사실을 유의해볼 필요가 있다.

그리고 조선시대의 여성들은 불사이부(不事二夫)라는 삼종지예(三從之禮)의 불리한 도덕관념에 얽매였던 때가 있었는데, 특히 갑오경장(甲午更張: AD 1894) 이후에 여성들의 개가(改嫁) 허용은 기존 도덕성에의 일대 변혁이었으며, 해방 이후 사회 혼란기에는 사회해체와 사회 재구성과정에서 사람들의 행위를 규제하는 공통의 가치나 도덕 기준이 약화됨으로써 여러 가지 형태의 반사회적(反社會的)이며, 부도덕(不道德)한 행위가 발생하기도 했으나, 기본적으로 우리 인간사회는 특유한 집단에의 응집성(凝集性) 때문에 그동안 전통적으로 고수해온 바람직한 도덕성은 면면이 오늘날까지 추구되어왔던 것으로 판단된다.

　그렇다면 그동안 우리나라에서 사회생활과 가정생활 과정에서 기본적인 도덕성은 어떻게 형성되어왔을까? 하는 점에 대해서 성찰해 보는 것도 의미가 있을 것으로 믿어져 살펴본다.

　우리 사회의 전통적 유교사상과 문화가 우리 종친들의 의식과 생활문화 전반에 깊이 파급되어 자리 잡고 있는 그동안 유교의 핵심적인 가르침은 인애사상(仁愛思想)으로서 이것은 전통적인 동양문화(東洋文化)와 정서상 인간의 기본적인 질서와 행동규범(行動規範)을 규율(規律)하며, 모든 윤리, 도덕을 일관하는 최고의 이념으로 삼아왔음을 알 수 있다.

윤리·도덕성 회복(回復)과 종친회의 역할 제고(提高) (중)

전통적인 유교의 도덕적 이념에서 볼 때 사람이 살아가는데 있어서 기본이 되는 세 가지 강령(三綱: 근위신강, 부위자강, 부위부강) 즉, 임금과 신하, 어버이와 자식, 남편과 아내 사이에서 마땅히 지켜야 할 세 가지 도리와 다섯 가지의 인륜(五倫: 부자유친, 군신유의, 부부유별, 장유유서, 붕우유신) 즉, 아버지와 아들 사이의 도리는 친애(親愛)함에 있고, 임금과 신하의 도리는 의리(義理)에 있으며, 부부 간에는 서로 침범해서는 안 될 인륜(人倫)의 구별이 있고, 어른과 아이 사이에는 차례(次例)와 질서(秩序)가 있어야 하며, 친구간의 도리는 믿음과 신의(信義)가 있어야 한다는 다섯 가지 윤리 등은 반드시 요구되는 행동강령(行動綱領)이면서 실천덕목(實踐德目)인 것이다.

이와 같은 유교의 가르침은 시공을 초월한 오늘날에도 사람들이 사회생활을 올바르게 해나가는데 반드시 지켜할 기본적인 도리이며, 또한 자기 자신만의 사욕(私慾)을 억제하고, 올바른 인간관계(人間關係)를 유지해야 한다는 극기복례(克己復禮)의 유교적 가르침 등을 유념해서 실천해 나가야 할 것으로 판단된다.

이러한 극기복례 정신은 유교의 인애사상에서 중점적으로 중요시하고 있는 덕목이며, 삼강오륜은 본래 고대 중국의 전한시대(前漢時代)에 공자와 맹자의 교리에 근거하여 삼강오상설(三綱五常說)을 논한 데에서 유래되어 중국뿐만 아니라 우리나라에서 오래전부터 사회의 기본적 윤리로 존중되어 왔으며, 현재에 이르기까지도 우리 종친들의 일상생활에 직·간접적으로 영향을 주고 있는 도덕적 윤리기준(倫理基準)으로 자리 잡고 있다.

그런데 최근 우리 종친들의 가정생활 과정에서 도덕성은 어떻게 형성되어 왔을까? 하는 점에 관해서 살펴보면 흔히 일상적인 사회생활과정에서 청소년들의 도덕성 형성에 있어 토대가 되는 것은 가정에서의 도덕의식(윤리의식) 형성 여부가 매우 중요시 된다고 생각된다. 다시 말하면 사회의 여러 관습이나 종교는 가정에서 먼저 선택, 변용(變容)된 다음에 청소년에게 영향을 주어 그들의 도덕성의 기반을 형성하게 되지만 윤리의식의 축적이 적고, 습관이 굳어지지 않은 유, 소년 시절일수록 더욱 영향을 많이 받게 된다.

따라서 어렸을 때 가족으로부터 받는 영향중에서도 어머니의 영향은 거의 결정적이라고 할 수 있을 것이다. 그러므로 청소년기의 일상적인 행동양식이나 인생관(생활규율, 종교, 도덕, 윤리에 관한 인식 등)의 기본적인 부문은 가정생활을 토대로 형성되어지는데, 이 시기에 각종 매스컴에 의한 영향과 이웃, 친구 등에 의한 영향도 아동기에 주로 가정을 통하여 이루어진다는 사실에 주목해야 할 것이다.

또한 사회생활 과정에서 사람들에게 형성되는 도덕성은 어떻게 이루어지는가를 성찰해 본다. 일반적인 사회통념상 사람들은 한 인간으로 존재하여 독특한 개성을 갖추고 있으면서도 다른 한편으로는 타인과의 관계를 떠나서는 생활할 수 없는 존재이다.

이와 같은 인간관계를 결합하게 하는 방향으로 지향하게 하는 공통적인 일상의 행동양식이 바로 '관습' 혹은 '습속'이라고 하는 것이며, 그것이 각 개인을 구속할 때는 '규율'이 되는데, 보다 더 객관적인 구속성을 가질 때에는 '규칙' 혹은 '법규'가 된다는 것을 알 수 있다. 이러한 규제는 부지부식 간에 각자의 의식과 행동에 깊은 영향을 미치게 되는데, 그러한 영향력은 어릴 때일수록 더욱 크게 작용하게 된다고 한다.

이와 같은 과정이 도덕성 형성의 최초의 단계이기도 하며, 각종 도덕 교육을 위한 노력의 근본을 이룬다고 볼 수 있을 것이다. 그렇다면 사회적으로 볼 때 도덕교육의 현실과 방법에 관한 실태는 어떻게 이루어지고 있을까에 대한 관심을 저버릴 수가 없다.

그동안 우리나라의 도덕교육은 사회인으로서의 마음가짐과 국민으로서의 애국심(愛國心), 준법정신(遵法精神), 가정인으로서의 효도(孝道)와 가족들과의 화목(和睦) 및 친애(親愛)의 기본정신(基本精神) 등을 교육하고 있으며, 기타 초, 중, 고등학생들을 대상으로 하는 도덕교육, 그리고 대학교육과 성인교육 등에서도 덕성함양(德性涵養)의 도덕교육에 많은 노력을 기울이고 있는 실정이다.

그렇지만 도덕교육은 이와 같은 제도권에서의 학교교육에만 의존할 문제가 아니며, 사회, 가정, 학교가 삼위일체(三位一體)가 되어 그 성과를 거두어야 할 과제라고 볼 때, 현재 우리나라에서의 도덕교육은 많은 장애요인을 안고 있는 것도 또한 사실이다.

그런데 이와 같은 도덕교육을 실시하는 과정에서 병행해야 하는 것으로는 우리나라는 국토가 분단된 지 반세기가 넘은 현재까지도 북한의 무력도발 위협을 계속 받고 있는 실정을 감안하여 공산주의에 철저히 대항하는 정신무장과 애국심의 함양을 위한 도덕교육이 이루어져야 할 것이다. 우리 종친들은 오늘날 우리나라의 급격한 산업화와 개방화의 조류 속에서 전통적인 윤리, 도덕의식이 날로 희박해져감으로써 가정과 사회 전반에 걸쳐 윤리의식의 저상은 물론 도덕성이 실추되어가는 현실을 안타깝게 여기면서도 이런 현상을 개선 또는 바로잡을 엄두를 내지 못하고 있지 않느냐하는 의문을 재기해 본다.

　더욱 심각한 문제는 윤리, 도덕성의 실추현상이 우리의 미래를 주도하고, 우리 사회의 동량(棟樑)이 될 청소년들의 교육 현장인 초, 중, 고등학교에서까지 일부 학생들이 부도덕한 행태를 자행하고 있다는 것을 쉽게 알 수 있으며, 심각한 사회문제를 야기하고 있다는 것이다.

윤리·도덕성 회복(回復)과
종친회의 역할 제고(提高) (하)

최근 언론매체를 통해 밝혀진 바 있었던 경향각지에 있는 중·고 등학교까지 부도덕한 행태가 자행되었다는 보도를 접하게 된 필자는 매우 황당한 심정을 금할 길이 없었다.

늦가을의 정취가 그윽했던 지난해 가을에 영남지방의 한 중학교에서 3학년 학생(15세)이 담배와 라이터를 갖고 있다가 이를 목격한 교감선생님(51세)이 이를 압수하자 '내 돈 주고 산 담배를 왜 뺏고 ××이냐'라고 욕설을 퍼부으며, 주먹으로 선생님의 얼굴과 머리를 때리고, 발로 배를 걷어찼다. (중략) 지난해 늦가을에는 호남지방의 한 중학교 2학년 여학생(14세)이 불손한 수업태도를 나무라는 여교사(31세)의 머리채를 붙잡고, 욕설을……

이러한 일선 교육현장에서의 부도덕한 경우는 실제 있었던 많은 사건 중의 일부 사례에 불과하며, 근래에는 초등학교에서도 집단따돌림과 학교폭력이 자행됨으로써 끝내는 피해학생이 자살하는 끔찍한 일도 있던 것으로 알려지고 있다.

이제는 학생이 교사를 희롱하고, 욕하고, 구타하는 일은 다반사가 돼버렸다고 전해지고 있으며, 심지어 일부 중·고교생들의 경우 강·절도 행위까지 서슴없이 하는 현실이다.

우리 가정과 학교는 아이들에게 '인간의 기본'을 가르치는 기초도장(基礎 道場)으로서의 역할과 기능을 잃어가고 있는 실정에 이른 것이다.

또한, 요즈음 많은 가정에서는 아이들의 가정교육을 어린이집, 유치원, 학원, 학교 등에 떠맡기고 있으며, 외아들, 외동딸의 응석을 분별없이 받아주는 것을 당연한 양육(養育)의 방법이라고 잘못 인식하고 있는 듯하다.

일반 상식적이며, 보편적인 관점에서 볼때 우리 청소년들에게 있어서 유치원에서 초, 중, 고등학교에 이르는 기간은 마치 백지 위에 인격(人格)을 만들어가는 시기라고 볼 수 있다.

이러한 인성교육기간 동안에는 사람들이 왜 기초질서를 꼭 지키고, 다른 사람들을 배려해야 하는 지, 사람들은 왜 윗사람과 스승에게 공손해야 하는지, 그리고 왜 나의 가족과 친구들과 공동체를 소중히 해야 하는지 등 함께 더불어 살아가는데 기본이 되는 도리를 배우는 시기이다. 그러나 언제부터 인가 우리의 각 급 학교에서는 귀찮은 훈육(訓育)은 포기하고, 상급학교 진학에 필수적인 일부 과목(영어, 수학 등) 지식만 일방적으로 주입시키는 입시 준비기관으로 전락해 버린 지 오래되었다.

특히 최근 '일부 진보, 좌파 성향의 교육감들이 밀어붙인 학생 체불의 전면금지와 교사들의 교육권리 보다는 학생 편향적인 몰상식한 인

권조례가 만들어져 이렇게 망가져가는 교육현장을 회복 불능상태로 만들었다'는 뜻있는 많은 사람들의 지적이 설득력을 갖게 하고 있다.

그러나 우리 박씨 성손들은 오늘날 명문대가(名門大家)의 한 뿌리, 한 가족으로서 수많은 명현선조님들의 후손된 도리(道理)를 다하는 삶을 영위해 나가고 있다는 당당함과 함께 자긍심을 갖고 생활하고 있는 만큼 이시대의 윤리의식 제고와 도덕성의 회복을 위한 일정한 역할 분담과 이의 개선노력을 해야 하고, 전국의 대, 소 종친회에서도 우리 사회의 윤리, 도덕성 회복을 도모할 수 있도록 하는 데에 적극 기여해야 할 때가 왔다고 생각된다.

따라서 전국의 대, 소 종친회와 종친들은 앞에서 고구해 본 바와 같은 작금의 우리사회의 윤리, 도덕성 실추상황을 방관만 해서는 안 된다고 판단된다. 우리 종친(종친회)들은 현재의 시대상황을 심사숙고하여 (사)신라오릉보존회(박씨대종친회)의 회시(會是)인 숭조, 애종, 육영정신의 구현 차원에서 성손으로서의 도리를 다하는 성숙함을 지켜나가야 할 것이다.

또한, 우리 종친들은 한 가문 내에서는 물론 우리가 삶을 영위해 가고 있는 지역사회에서 존경받을 수 있는 어른으로서의 솔선수범(率先垂範)을 보여주는 모범적인 역할을 수행해 나가야 할뿐만 아니라 내가 살고 있는 고장에서부터라도 종강삼시(宗綱三是) 정신의 구현활동의 일환으로 후손들의 계도(啓導)와 더불어 지역사회의 청소년 학생들을 대상으로 실추되어가는 윤리, 도덕성의 회복에 적극 노력하는 역할을 할 수 있는 일종의 도덕재무장(道德再武裝) 운동을 펼쳐나가도록 해야 할 것이며, 모범적인 '멘토'로서의 새로운 '패러다임(Paradigm)'을 모색해 나가는 종친과 종친회가 되어야 할 것이다.

이와 같이 '우리 종친회는 앞으로 우리 사회의 도덕성을 회복시킬 수 있도록 하는 데에 일정한 역할 분담을 해야 한다'라고, 필자가 거듭 주장하는 까닭은 다음과 같은 실천덕목과 신념 때문이다. 먼저 우리 종친회는 애종정신의 구현을 위해 종친 간 더욱 친애, 화합하고, 청소년들의 윤리, 도덕성의 회복에 더욱 노력해야 할 것이다. 또한, 명현선조님들의 위업과 정신을 본받아 삶을 충실히 영위해 나가면서 지역사회를 건강하게 유지시켜 나가는 데 높은 도덕성과 봉사정신으로 적극 기여해야 할 것이다. 셋째, 우리 종친들은 한 가문과 지역사회의 존경받을 수 있는 어른으로서의 모범을 보여주는 자발적인 노력과 역할을 해나가야 할 것이다.

끝으로 우리 사회의 실추되어가는 윤리, 도덕성을 회복시켜 나가는 데에는 무엇보다도 사회지도층 인사들과 정치인 등 기성세대들이 모범을 보이고, 솔선하는 분위기가 조성되어야 하겠지만, 우리 종친회가 선도적으로 새로운 역할 제고 노력과 함께 전국의 유도회(儒道會) 조직과 연계해서 각 지역사회의 지방자치단체(시, 군, 구 등)와 공동으로 우선 청소년 및 학생들을 대상으로 하는 '윤리, 도덕성 회복 공동 프로젝트(Project)'를 구축, 추진토록 하는 방안을 수립, 시행하는 것도 현실적인 방법이 될 수 있다고 판단된다.

5. 종친 남녀의 종위선양(宗威宣揚)과
종친단합의 여망(輿望) (상)

밤하늘의 별들처럼 수많은 전국의 박씨 종친들은 여타 성씨에 비해 근본이 확실한 성손(聖孫)으로서 시조대왕인 박혁거세(朴赫居世) 거서간(居西干)님의 광명이세(光明理世) 정신과 위민민주(爲民民主) 정신을 이어받아 널리 현창(顯彰)하면서 당면한 삶을 역동적, 미래 지향적으로 영위해 나가고 있는 것으로 믿어진다.

이러한 우리 종친들 중에는 그동안 새 역사(歷史)를 창조하고, 높은 기상(氣像)을 펼쳐나가는 노력을 적극적으로 구현함으로써 국가와 사회 발전의 역군(役軍)이 되어 왔던 훌륭한 종친들이 헤아릴 수 없을 만큼 많았다는 사실은 재론의 여지가 없을 것이다.

특히 글로벌 시대인 오늘날에도 종친들 중에는 대외적으로 인종, 언어, 문화의 차이에도 불구하고, 지구촌의 많은 사람들에게 공감과 감동을 주고 있을 뿐만 아니라 해방된 지 60여 년이 지난 아직도 남북으로 분단된 상태이나 국력이 날로 커가는 나라인 '대한민국'의 역동성과 우수성을 지구촌에 새롭게 인식시키고 있는 종친들이 있는가 하면, 대내적으로는 우리나라가 21세기 중반기에 명실공히 선진국으로 도약할 수 있도록 나라를 잘 이끌어나갈 지도력을 갖춘 여성 종친이 적극적으로 활약하는 등 최근 새 시대, 새 정치를 펼쳐나갈 수 있는 역량을 갖춘 종친이 있는 현실이기 때문에

필자는 앞으로 2회에 걸쳐 그러한 종친들의 활약상과 종친 위상의
제고상황 등을 종친들과 함께 고구해 본다.

먼저 대내적으로 볼 때 금번 우리나라의 유력한 대선후보(大選候
補)로서 앞으로 우리의 국력(國力)을 더욱 키우고, 국격(國格)을 한층
드높일 수 있는 탁월한 지도력을 발휘할 수 있는 여성 정치인이면
서 우리 박씨 종친의 한사람인 그의 애국, 애족 정신과 정치 철학
및 생활 신념 등에 관하여 우리 박씨대종친회 종원의 한 사람 입장
(시각)에서 객관성 있게 성찰해 보고, 여성 지도자로서의 역량과 가
치를 음미해 보고자 한다.

21세기 중반기를 앞둔 오늘날 새로운 시대에 우리나라를 영도해
나갈 여성 정치지도자로서 날로 촉망받고 있는 그 종친은 조국 근
대화와 경제 발전의 근간을 이룩한 업적을 쌓은 대통령의 딸이면
서 현재 우리나라를 대표하는 여성 지도자이자 선진 '대한민국'을
이끌어 나갈 희망의 리더로서 새롭게 각광받고 있다고 생각된다.

그러한 종친이 과거 약 15년 간을 지냈던 부모님과의 청와대 생활
은 그녀를 뼛속까지 애국자(愛國者)로 만들었고, 그는 세상 그 어느
곳보다도 자신이 태어난 나라 대한민국에 자신의 인생(人生)과 뼈를
묻고 싶다는 불굴의 의지(意志)를 굳히며, 오늘의 삶을 만들어내고
있는 열정(熱情)과 신념(信念)을 갖은 인물이라고 판단된다.

이와 같은 종친이 여성 정치인으로서 그동안 펼쳐왔던 주요 행적
과 업적을 잠시 살펴보면 다음과 같다. 첫째, 그동안 부모님에 대한

정당한 평가를 바라면서 공식적인 추모행사가 가능하도록 추모사업과 모친의 유지를 이어받은 장학사업(사회사업)에 전념해왔다. 둘째, 우리나라가 IMF 관리체제로 온 나라가 사회 경제적 어려움에 직면해 있을 때 종친은 남은 인생을 국가와 민족을 위해 바치기로 결심하고, 의연히 정치에 입문했다. 셋째, 15대 국회의원(1998. 4. 2. 재보궐선거)을 시작으로 본격적으로 정치활동을 시작했으며, 정치개혁과 정당개혁을 몸소 실천하는 소신의 정치를 펼친 결과 한나라당 대표를 역임했고, 현재 17대 국회의원으로 활동 중에 있다.

넷째, 한나라당 대표였던 시기에 4차례의 재 보궐선거를 압승으로 이끌었던 리더십을 발휘, 정책정당, 원내정당, 디지털 정당이라는 목표를 차분히 이루어냈다.

그 당시 종친은 여성 정치 지도자였지만 제1야당을 굳건히 잘 이끌면서 우리의 정당정치 사상 최초로 당 대표 임기(2년 3개월)를 완수한 주역이기도 하다.

다섯째, 과거 퍼스트레이디 시절부터 쌓은 외교력(外交力)과 '신뢰'와 '국익우선'이란 외교원칙 아래 미국, 중국, 일본, 독일, 북한 등의 국가 정상과 외교 인사들을 만나 우리나라 외교현안과 경제협력 등 상호 발전을 이끌어 내는 가교 역할을 원활히 수행해 왔다.

이러한 여성종친은 최근 출간한 그의 자서전(『절망은 나를 단련시키고, 희망은 나를 움직인다』)을 통해 그의 생활철학(生活哲學)과 신념(信念)을 피력한 바 있다. '한동안 대통령의 딸이라는 자리에서 누린 것보다 인내(忍耐)하고 감당(堪當)해야 할 것이 많았으며, 스스로를 단련

시켜 나가면서 사회사업가에서 정치인으로 끊임없이 거듭나는 삶을 영위해 옴으로써 제1야당의 대표에서 대통령 후보로 우뚝 서기까지 본인 자신의 삶은 항상 도전(挑戰)의 증거(證據)이면서, 희망(希望)'이라고 밝히고 있다.

우리 종친(종친회)들은 이와 같은 여성종친 자신이 올 곧은 삶의 원칙(原則)과 신념(信念)을 바탕으로 그동안 세상의 희망을 향해 매진하는 그를 통해 종친들 누구나 새로운 희망에 길을 만들 수 있다는 자신감(自信感)을 갖게 될 것이다.

그러므로 우리 종친이 이번 대통령 선거에서 새로운 여성 대통령으로 선출될 수 있게 되기를 간절히 바라면서 온 종친(종친회)들이 더욱 친애, 단합해야 할 것이라고, 다짐해본다. 만일, 온 종친들의 여망(輿望)대로 우리의 여성 종친이 대통령 선거에서 여성 대통령으로 선출된다면 이는 우리나라의 64년 헌정사상 첫 번째로 탄생되는 여성 대통령으로서 새로운 역사가 이루어진다는 데 큰 의미가 있고, 종위가 선양되며, 우리 가문(家門)의 영광(榮光)이라고 생각한다. 더욱이 최초의 여성 대통령 탄생으로 우리나라는 보수와 진보의 가치를 조화시키면서, 시대에 부응하는 미래지향적인 국가사회의 발전이 이룩될 것으로 기대된다.

종친 남녀의 종위선양(宗威宣揚)과
종친단합의 여망(輿望) (하)

송구영신(送舊迎新)의 분위기가 한창인 요즈음 지난 한 해를 회고해 볼 때 대외적으로 센세이션을 일으키면서 크게 활약한 종친으로는 단연 '싸이'가 아닐까 생각된다. 그는 그동안 대중적인 독창성(獨創性)과 유머로 지구촌을 감동시키고, 열광케 한 '강남스타일' 붐을 일으켜 세계인들을 즐겁게 해준 우리의 젊은 종친 '싸이(PSY, 본명 박재상 35세)'이다. 우리 종친들도 잘 알고 있듯이 지난 임진년(壬辰年) 한 해 동안 온 세상은 알려진 그대로 '싸이월드(PSY World: 싸이세상)'라고 해도 과언이 아니었다.

이것은 바로 우리 종친인 '싸이'가 '강남스타일'이라는 말춤과 노래로 세계를 석권하는 쾌거를 거두었기 때문이다. 우리나라는 물론 세계의 유명 매스컴들이 '싸이 어천가(御天歌)'를 외치면서 심지어 인터넷에서는 '싸이는 전생(前生)에 나라를 구한 유명한 인물이었을 것'이라는 주장까지 나오고 있었다.

이와 같은 '강남스타일'의 활약상은 두 가지 면에서 높이 평가해 볼 수 있을 것으로 분석된다. 첫 번째로는 대중음악적으로 볼 때 단연 '세계시장을 석권'하는 데 크게 성공했다는 것이다. 즉 '강남스타일'의 메가히트(Mega Hit)는 대중성 있는 코드어필과 그만의 독창성의 승리라고 할 수 있을 것이다.

우선 코믹한 뮤직비디오는 가사가 영어가 아닌 한국어로 된 '강남스타일'의 약점을 완벽하게 보완했음을 알 수 있다. 두 번째로는 '강남스타일'의 세계적인 히트가 기존의 한류(韓流)와 K팝의 일부 허실(虛實)을 여과 없이 보여주었다는 점이다.

사실 '강남스타일'은 한국 가수 '싸이'의 노래로서 전 세계 팬들에게 '싸이'의 국적은 그리 중요하지 않았을 지도 모르지만 세계 여러 나라의 독특한 문화와 다양한 언어 및 인종을 초월해서 어필하고, 공감하게 함으로써 애오라지 우리나라를 새롭게 인식시켰을 것이다. 따라서 젊은 종친 '싸이'는 자연스럽게 국위선양(國威宣揚)과 함께 박씨 종친의 한 사람으로서 당연히 종위선양(宗威宣揚)을 했다는 사실을 부정할 종친은 아무도 없을 것이다.

지난달 하순경 메스컴 보도에 의하면 정부 당국에서도 전 세계에 한국인으로서 유례없이 공전의 대히트와 선풍적인 대중음악의 보급에 크게 기여한 종친 '싸이'에게 '옥관 문화훈장'을 수여하면서 국민문화 향상과 문화 예술 발전에 공을 세웠음을 기렸다고 전해졌다.

'싸이'가 지난여름 인터넷 유튜브(Youtube: 인터넷 동영상)에 '강남스타일' 뮤직비디오를 처음 소개한 이래 약 4개월 경과한 최근 전 세계에서 조회한 기록이 약 9억여 건을 넘어섰다고 한다. 심지어는 영국과 중국의 대중음악 차트를 석권했고, 포퓰러 뮤직(Popular Music: 대중음악)의 본 고장이라고 할 수 있는 미국의 '빌보드·핫 100차트' 정상까지 넘보고 있다고 한다. 우리의 젊은 종친 '싸이'는 오늘날 시대정신(時代精神: Zeitgeist)과 대중문화(大衆文化: Pop-Culture)

에 정확히 부합하는 콘텐츠를 만들었던 것이다. 이러한 '강남스타일'은 시기적으로 볼 때 근간에 전 세계인들이 경제적 불황의 늪에서 허덕이는 암울한 상황에서 누구나 쉽게 따라할 수 있는 우스꽝스러운 말춤, '오빠 강남스타일'과 같은 강렬한 후크(짧고 매력적인 반복 후렴구), 그리고 1분에 120회 반복되는 가벼운 운동을 할 때의 심장 박동수와 비슷한 리듬을 제공하는 비트 등 재미와 흥미를 유발하는 쉽고, 간편한 코드를 활용해서 남녀노소 누구에게나 공감할 수 있게 한 것이 특징(特徵)이며, 독창성(獨創性)이라고 할 수 있다.

한편, '런던올림픽'에서 '독도는 우리 땅'이라는 '독도 세리모니'를 펼친 20대 젊은 종친의 활약상황에 대해 잠시 회고해 보는 것도 의미와 가치가 있다고 생각한다.

최근 전근대적인 군국주의 정신과 이념을 추종하는 행태를 공공연히 자행하고 있는 일본의 현직 총리를 비롯한 우경화 정치 지도자들과 극우 보수단체들은 역사를 크게 왜곡함과 동시에 제국주의의 강탈논리로 우리의 영토인 '독도'(경북 울릉군 울릉읍 독도리 1-96, 면적: 18만 7,554㎡)를 자기네 땅이라는 억지를 부리고 있는 것이 작금의 현실이다.

박씨 종친들은 물론 우리 국민들 모두가 일본의 이러한 만행에 대하여 공분(公憤)하고 있는 상황에서 지난여름 영국에서 거행된 2012년도 하계올림픽인 '런던올림픽'의 남자축구 3, 4위전에서 우리 한국팀이 일본을 2:0으로 꺾은 뒤 '독도 세리모니'를 펼친 박종우(23세, 올림픽축구 국가대표선수, 부산 아이파크 소속) 종친은 이러한 당당하고, 의로운 행동을 함으로써 온 국민들에게 감동(感動)과 공감(共感)을 주었고, 통쾌(痛快)함을 선사했다.

비록 IOC(국제올림픽위원회)나 FIFA(국제축구연맹) 측으로부터 박 선수의 행동이 스포츠맨십을 벗어난 과잉행동이 아니냐는 논란을 야기하기는 했지만 최근 전해진 바에 의하면 박종우 종친의 행동은 우발적 해프닝으로서 크게 문제되지 않는 것으로 밝혀졌다.

박종우 선수가 관중석에서 전달받은 '독도는 우리 땅'이라고 쓰인 태극마크가 선명히 그려진 종이를 들고, 그라운드를 누비면서 우리 땅 독도를 세계만방에 알리는 쾌거(快擧)를 펼자 역시 통쾌하게 생각했으며, 박종우 종친은 국민들로부터 칭찬받아 마땅할 뿐만 아니라 관계당국에서도 국위선양의 공로를 표창해 주어야 하고, 특히 우리 종친(종친회)들은 종위선양의 공로를 칭송하는 뜻에서 특별 포상해야 하며, 임진년 한해를 보내고 새해를 맞으면서 '싸이(박재상)'와 박종우 종친의 위업을 높이 칭송하고 기려야 할 것으로 판단된다.

6. 청소년들에게 꿈과 희망(希望)을
갖게 함은 종친의 사명(使命) (상)

신선하고 새콤한 사과 꽃향기 그윽한 새봄을 맞이하면서 우리 청소년들의 청아(淸雅)한 모습을 연상하게 하는 때이다. 전국의 박씨 종친(종친회)들은 어느덧 신라기원 2072년(2015년) 신록이 푸르름을 더해가는 계절을 맞이했다. 이맘때에는 '새 봄이 오면 춥고, 삭막했던 한 겨울을 견뎌낸 새 생명(生命)들이 움트고, 활기 넘치는 산하(山河)는 우리들에게 기쁨과 새로운 희망(希望)을 선사한다'라고 동서양의 시인(詩人)들은 봄을 찬미(讚美)하고 있다.

새봄을 맞이한 우리 종친들은 환희(歡喜)와 함께 활기찬 삶을 영위할 수 있게 될 것이며, 약동하는 새봄과 함께 새로운 희망(希望)을 갖게 될 것으로 생각한다. 이와 같은 대자연의 순환질서와 계절의 변화에 순응하면서 우리 종친들은 삶을 영위하고 있을 뿐만 아니라 언제나 새봄을 맞는 시기가 되면 우리는 만물(萬物)이 소생하고 약동하는 새로운 천지간의 삼라만상(森羅萬象)을 새롭게 느끼는 낭만적인 감정(感情)과 아름다운 감성(感性)을 갖게 될 것이다.

이러한 새봄의 문턱에서 필자는 라일락(Lilac)꽃처럼 향기롭고 선연(鮮妍)한 우리 후진(청소년)들에게 우리 박씨 종친(종친회)들은 과연 어떻게 그들에게 꿈과 희망을 갖게 할 것인가에 관해서 깊이 고민해 보고, 특히 육영정신(育英情神)의 적극적인 구현 차원에서 보다 실질적인 후원(後援)과 독려(督勵)를 할 것인가? 등을 고구해 볼 필요가 있다고 생각되어 금후 3회에 걸쳐 종친들과 함께 이를 성찰해 본다.

그동안 (사)신라오릉보존회(박씨대종친회)는 우리의 시조대왕인 박혁거세(朴赫居世) 거서간(居西干)님의 광명이세(光明理世) 정신을 본받고, 수많은 명현선조(名賢先祖)님들의 훌륭한 위업과 애족, 애종정신을 이어 받으면서 발전시켜 나가는 데 진력하는 활동을 해 나가고 있다고 믿어진다. 또한 우리 종친회는 회시(會是)인 숭조, 애종, 육영의 종강삼시(宗綱三是)의 원활한 구현을 지향하며, 종친회의 활성화 도모를 면면히 추진해나가는 자생적 친목단체로 발전해 나가고 있는 것으로 믿어진다.

우리 종친회의 이와 같은 활성화 노력은 여타 성씨의 종친회들 보다 규모와 내실 면에서 볼 때 뛰어난 면모를 보이고 있으며, 돈목, 화합된 조직으로서의 역할을 수행해 나가고 있다는 것은 주지된 사실이라고 생각한다. 그렇지만 전국의 대, 소 종친회 중 일부 종친회의 경우를 제외하고는 운영 면에서 볼 때, 종강삼시 중 숭조와 애종정신의 구현을 위한 각종 활동 노력은 각 지역의 특수성과 종친회의 현실적인 상황에 어느 정도 부합되게 이행하고 있는 것으로 알려지고 있는 것이 사실이지만 아직도 상당수의 종친회에서는 우리 종친가족들 중에서 장래가 촉망되는 후손인 청소년들에게 미래에 실현 가능한 꿈과 희망을 가질 수 있도록 보다 적극적이고 현실적인 후원과 독려 노력이 크게 미흡한 상황에 있지 않느냐 하는 실상을 고려해보면 앞으로 우리 종친회는 이렇게 '미흡한 육영정신의 구현 실태'를 시급히 개선해야 하는 문제는 우리 종친회가 금후 선결해 나가야 할 주요 과제라고 생각된다.

먼저 전국의 500만 우리 박씨 종친들 중에는 우리가 살아가야 할 미래 사회와 장래의 사회 경제적 분야의 동량(棟樑)이면서 주역(主役)이 될 후손인 수많은 청소년들이 마치 새봄에 약동하는 새 생명들처럼, 탐스러운 열매를 잉태(孕胎)한 향기로운 꽃들처럼 싱싱하고 아름답게 그들 나름대로의 삶을 영위하고 있다고 믿어진다. 이러한 우리 청소년들에게 전국의 대, 소 종친회와 종원들은 육영정신의 구현차원에서 그들에게 용기(勇氣)를 주고, 희망(希望)을 가질 수 있도록 올바른 훈육(訓育)과 기대(期待)를 갖게 해야 하며, 진정성 있는 독려(督勵)를 해줄 필요가 있다고 생각한다. 그러므로 우리 종친회와 종원들은 현실적이고 가시적인 청소년 후원대책의 수립 및 시행에 앞서서 그들에게 장래희망과 기대감을 갖게 하고, 사기를 높여주어야 할 것이다. 이렇게 하기 위해서는 무엇보다도 우선 우리 종친(종친회)들이 자발적으로 우리 청소년들에 대한 인간적인 기대감(期待感)을 가져야 할 것이다.

사실 우리 청소년들은 그 어떤 부정적인 선입관 보다는 긍정적으로 평가해야 한다. 청소년들은 그 어떤 특정한 꼬리표를 달고 태어나 그 꼬리표대로 살아가는 존재가 아닌 것이다. 우리 청소년들은 설령 이런저런 사연 때문에 자기 자신의 의지와는 관계없이 그 어떤 꼬리표를 달고 살아간다 하더라도 삶을 영위하는 동안 수많은 꼬리표를 달아가면서 한 인간으로 성장하는 가능성(可能性)과 기대감(期待感)을 갖는 그런 존재(存在)인 것이다.

일반적으로 우리 인간은 서로 다른 사람들과의 관계 속에서 무한한 가능성(可能性)과 능력(能力)을 갖고 살아가는 존재이다. 그러한 다양한 관계 속에서 사람들은 서로 다르게 존재하고, 서로 다르게 재탄생 할 수도 있다는 것이다. 즉, 우리 청소년들에게는 이미 만들어진 것보다는 앞으로 어떻게 만들어 가느냐 하는 것이 더욱 중요한 가치를 갖고 있는 존재인 것이다.

따라서 우리들은 청소년들이 우리 종친들의 미래의 희망이며, 주역이라는 믿음을 갖고 그들을 육성해 나가야 할 것이며, 그렇게 하는 것이 우리 종친들의 주요 사명이라고 생각한다.

이제 청소년의 달 5월을 맞았다. '믿고, 기대하고, 희망을 갖게 하면 상대(사람들)는 그만큼 성장, 발전한다'라는 말이 있다. 이 말은 미국의 교육학자 로젠탈(R. Rosenthal, 하버드대학교수)과 제이콥슨(R. Jacobson, South California, 대학교수)이 세계 최초로 일반사회와 교육학계에 제기 발표한 '피그말리온 효과(Pygmalion Effect)'에서 주창한 말이다.

이는 우리 종친들의 후손인 청소년(학생)들이 제대로 기대한 대로 성장, 발전하려면 그들에 대한 지도자(종친들)또는 교육자들의 믿음과 기대가 선행되어야 한다는 강력한 메시지를 갖고 있다는 데 대해서 우리 종친(종친회)들은 이를 가치 있게 받아들이고, 깊이 유의해야 할 것이다.

청소년들에게 꿈과 희망(希望)을
갖게 함은 종친의 사명(使命) (중)

(사)신라오릉보존회(박씨대종친회)와 종원들은 청소년의 달 5월을 맞으면서 우리의 미래인 청소년들에게 꿈과 희망(希望)을 갖게 각별한 노력을 해야 할 것으로 생각된다.

앞에서 고구한 바와 같이 우리 종친들은 우리의 후손인 청소년들을 육영정신의 구현 차원에서 독려(督勵), 선도(善導)하는 데 활용할 수 있는 심리적인 기법인 '피그말리온 효과(Pygmalion Effect)'는 자신이 조각한 여인상(女人像)을 지극히 사랑했던 그리스 신화(神話)의 피그말리온에서 유래한 말로서, 원래는 지도자나 교육자가 기대하는 대로 청소년(학생)들이나 일반 사회의 조직 구성원들이 일정한 능력(能力)과 능률(能率)을 올릴 수 있다는 자기충족(自己充足)예측을 나타내는 데 적극 활용되기도 한다.

이와 같은 심리적인 효과(현상)는 일반 가정에서의 부모 자식 간, 또는 일반 사회 조직체에서의 구성원 간의 관계에서도 효과적으로 작용된다고 하는데, '너는 잘 할 수 있을 거야, 나는 믿는다'라는 말은 그 어떤 훈계나 명령보다도 효과가 매우 큰 것으로 검증되고 있다는 사실을 알아야 할 것이다.

다음은 (사)신라오릉보존회(박씨대종친회)는 본회 종강삼시 기본 정신의 조화로운 구현과 함께 육영정신의 구현 방안을 구체적으로 실천 가능하도록 중, 장기적 방안을 세워 단계적으로 추진되어야 할 것이다. 그동안 전국의 대, 소 종친회에서는 종친회의 활성화를 위해 종강삼시 정신의 원활한 구현을 목표로 활동해 왔고, 또한, 종친 간의 친목도모와 단합된 모습으로 발전시켜 나가고 있으며, 애종회합의 효율적 운영을 통한 활성화 도모를 추구하고 있음은 바람직한 종친회 활동이라고 생각된다. 그러나 여기서 간과해서는 안 될 우리 종친회 활동 한 가지를 지적하면, 종강삼시 중 육영정신의 구현이 현실적인 재정적 부담으로 인해 형식적으로만 추진되고 있지 않느냐 라고 생각되어 뜻있는 종친들과 더불어 이를 개선할 수 있는 대책과 방안의 모색이 절실한 실정에 있다는 것이 최근 본 종친회의 현안 과제라고 생각된다.

그러므로 우리 종친회의 활동이 종친회원 상호간 친목(親睦)과 화합(和合)도모 만을 위한 단계에 머물러 있어서는 안 된다. 숭조정신(崇祖情神)의 구현 노력과 함께 애종정신(愛宗情神)의 원활한 구현 활동과 병행해서 육영정신(育英情神)의 적극적인 구현을 위해서도 종원들의 지혜와 참여로 대, 소 종친회 자체의 육영장학회(育英獎學會)를 설립 및 운용이 가능하도록 함으로써 각 종친회 자체 지역 내의 장래가 촉망되고, 모범적인 청소년(학생)들이 더욱 분발해서 학업에 전념할 수 있도록 이를 후원해 줄 수 있는데, 소 종친회의 '박씨 종친 장학기금'의 모금을 통학 장학회를 결성, 운영토록 해야 할 것이다. 이렇게 하기 위해서는 각 지역의 대, 소 종친회에서 우선 '종친회 육영사업의 중장기 추진계획'의 수립과 관련된 제반 착안사항 등에 대해 사전에 공식적인 논의를 심도 있게 검토한 다음 '육영기금 목표액 책정', '종친회 회장단 및 원로 종친들이 각기 육영기금을 시범적으로 헌금', '육영사업계획을 토대로 기본적인 육영사업 실시' 등의 사전 준비와 절차를 거쳐 추진되도록 하여야 할 것이다.

이와 같은 추진계획과 방안대로 할 수만 있다면 대체로 중, 장기적인 육영사업을 추진해 나갈 수 있는 기본 계획과 추진방안 및 단계별 세부 추진방침 등이 수립됨으로써 우리 청소년(학생)들을 실질적으로 후원할 수 있는 효율적인 육영정신의 구현이 가능하게 될 것으로 믿어진다.

그러나 경우에 따라서 시행 초기단계에서는 기대(期待)와 목표(目標)에 다소 미흡하게 될지도 모르지만 일단 시작을 하게 되면 점차 종친들의 호응(呼應)과 참여(參與)가 검증됨으로써 결국 육영정신의 구현이 능동적으로 추진될 수 있는 길이 모색될 수 있으므로 자연히 종친회의 활성화(活性化)는 가속화 될 수 있을 것으로 생각한다.

한편, 19세기 대영제국의 영국군 총사령관과 총리를 지냈으며, 유럽의 벨기에 남동부의 워털루 전투에서 나폴레옹 군대에 대승을 거두었던 웰링턴(Authur W. Wellington, 1769~1852) 장군은 트라팔가 해전에서 나폴레옹에게 승전한 넬슨 제독과 함께 영국의 대표적 전쟁영웅이다. 웰링턴 장군은 평소에 청소년들에게 사기(士氣)를 높여주어야 하고 꿈과 이상(理想)을 갖게 해야 한다면서 영국 청소년들에게 자신감(自信感)을 주고 가르침의 중요성을 강조했다고 한다.

또한, 우리 박씨 종친들도 잘 알고 있듯이 세계 4대 성인 중의 한 사람인 고대 중국의 성현(聖賢)인 공자는 일찍이 유도(儒道)를 가르쳐 오면서 인애사상(仁愛思想)을 핵심적인 실천이념(實踐理念)으로 주창해 왔는데, 공자는 『논어(論語)』의 자한(子罕)편을 통해 '우리의 젊은 후진(청소년)들을 중요시하고, 그들을 주목해야 한다. 그들의 장래 학문 즉 미래의 그들이 오늘의 우리보다 못하다고 어찌 생각하겠는가'라고 해서 항상 '청소년들의 학문(學問)과 장래문제(將來問題)에 많은 관심과 후원을 아끼지 말아야 함'을 가르치고 있고, 우리의 후진(청소년)들이 잘 되기를 염원했던 것으로 전해지고 있다. 그리고 공자는 후진(청소년)들을 위한 일이라면, 옳고 뜻있는 일이라면 반드시 믿음과 자신감(自信感)을 갖고 실행에 옮겨야 한다는 것을 가르치면서 우리 모두는 실천가(實踐家)가 되어야 한다는 것을 강조했던 것이다.

그러므로 우리 박씨 종친들은 자신의 삶에 충실하면서도 항상 박씨 종친회(종친)들의 후진(청소년)들을 위해 무슨 뜻있는 일(봉사)을 할 것인가? 그리고 우리 종친 후손들의 활기찬 배움의 분위기 조성에 작은 정성이라도 기여할 방법은 없는가? 등을 먼저 생각하고, 보람 있고 뜻있는 일이라고 판단될 때에는 신념(信念)을 갖고, 실천(實踐)함으로써 전국의 대, 소 종친회는 비로소 후진(청소년)들의 면학(勉學)을 후원할 수 있는 시스템(체재)인 '종친 육영 장학회'의 운영이 점차 가능하게 되고, 원활해질 수 있을 것으로 믿어진다.

청소년들에게 꿈과 희망(希望)을
갖게 함은 종친의 사명(使命) (하)

전국의 대, 소 종친회와 종원들은 일찍이 동서양을 막론하고, 인류의 정신적 지주역할을 해온 공자의 핵심 가르침인 유도(儒道)의 근본정신과 인애사상(仁愛思想)을 앞으로 우리 청소년들을 위한 육영정신(育英情神) 구현의 근간으로 삼아 창달(暢達)해 나가야 할 것이다.

여기서 공자의 핵심적인 가르침인 유도와 관련해서 볼 때 공자가 말하는 도(道)는 일정한 곳이나 사상에 고착된 것, 객관화 된 것, 또는 움직이지 않는 진리(眞理)가 아니다.

이것은 더욱 넓혀 가는 것, 변화(變化)하는 것, 창조(創造)하는 것이라 할 수 있다. 이것은 생각하는 주체자의 창조성(創造性)에 따라 바뀔 수 있다는 것이다.

또한, 공자는 젊은이들에 대한 배움의 중요성을 강조하면서 '내가 일찍이 종일 먹지 아니하고 잠자지 아니하여도 이로움이 없는 지라 배움만 못하였다'라고 하고, '사람이 도를 넓히는 것이지 도가 사람을 넓히는 것이 아니다'라고 『논어』의 위령공편(衛靈公編)을 통해 가르쳤는데, 여기서 말한 도(道)의 의미는 다분히 사유적인 창조성을 강조하고 있다.

그리고 '아침에 도를 들으면 저녁에 죽어도 좋다'라고 『논어』의 이인편(里仁編)에서 말한 도도 창조적 자아(自我)의 설정이 내포되어 있는 것으로 볼 수 있다.

이와 같은 유도의 근본정신과 가르침을 우리 종친회에서는 앞으로 창달해 나갈 육영정신의 근간으로 삼아야 할 것이다. 공자의 인애사상(仁愛思想)은 동양적인 인도주의(人道主義)이며, 인(仁)을 바탕으로 자기수양(自己修養)을 이루고, 가족과 친척들을 사랑하듯 충서(忠恕)를 자신의 몸과 같이하며 남을 공경할 줄 알아야 한다는 가르침인 것이다.

이와 같은 공자의 인애사상(仁愛思想)은 바로 유도의 근본정신에서 출발한 것이라고 할 수 있으며, 이것은 공자의 일관된 도로서 공자의 제자 중 한 사람인 증자(曾子)는 이것을 충서(忠恕)라고 했는데, 여기서 말하는 충(忠)은 실행함에 있어 믿음이 있는 것으로서 자신의 수양에 속하고, 서(恕)는 자신의 마음을 미루어 남을 생각하는 것 즉, 용서(容恕)로서 사람을 다스리는 것에 속한다고 볼 수 있다. 공자가 부르짖는 것은 인(仁)을 바탕으로 자기 수양을 이루며, 효도와 공경을 돈독히 해야 하고 가족과 친척을 사랑하듯 충서(忠恕)를 자신의 몸과 같이 하여 남을 공경할 줄 아는 것이 바로 인애사상의 본질이라고 가르치고 있음을 알 수 있다. 특히 우리 종친회가 종원들은 청소년들을 계도하고 성원함에 있어서 공자의 교육사상과 교육이념을 현대적으로 재해석하고 현실에 부합되게 응용하여 후진들의 가르침에 활용해야 하고, 육영정신의 구현을 위한 본질로 삼아야 할 것이다.

물론 공자는 아무에게나 가르치고 교육한 것은 아니다. 이는 공자는 '배우고자 뜻을 지닌 사람에게는 반드시 가리지 않고 교육해 준다'는 뜻으로 이해할 수 있다. 또한, 공자는 '스스로 분발하는 사람이 아니면, 일깨워 주지 아니하며, 노력하지 아니하면 일으켜주지 않으며, 한 귀퉁이를 일러 나머지 세 귀퉁이를 스스로 깨우치지 않으면 다시 가르치지 않는다'라고 『논어』의 술이편(述而編)에서 가르치고 있다.

여기서 공자의 교육관(教育觀)을 통해서 본 종친회의 회시 중 하나인 육영이념과 정신을 깊이 있게 살펴보는 것도 의미가 있을 것이다.

『논어』의 학이편(學而編)에 의하면 '젊은이들은 가정에서 부모에게 효도(孝道)하며, 밖에서는 어르신들을 존경(尊敬)하고 모든 일을 삼가며, 말이 성실해야 한다. 또한, 사람들을 차별 없이 널리 사랑하며, 어진 이들을 가까이 사귀어야 한다. 이러한 일을 다 하고 남은 여력이 있으면 학문(學問)에 정진(精進)해야 한다.'라고 가르치고 있음에 비추어볼 때 공자가 도덕적인 실천(實踐)을 얼마나 중요시 하였는가를 알 수 있다.

원래 공자의 가르침의 목표가 우선 수양(修養)을 쌓고, 인격(人格)을 길러 국가와 사회를 이끌어 갈 수 있는 동량(棟樑)을 기르는 데 있었던 만큼 어디까지나 현실에 눈을 돌려 슬기롭게 적응할 수 있는 인재(人才)를 기르도록 하는 것이 중요한 목표였다고 볼 수 있다.

『논어』의 이인편(里仁編)에 의하면 '군자는 말은 더디고 행동은 민첩해야 한다'라고 가르치고 있는데 이와 같은 실천이 결코 용이한 일이 아님을 공자는 『논어』의 술이편에 '학문이라면 누구나 남만큼 할 수 있다고 생각하지만 군자의 도(道)를 실천하는 것은 아직도 쉽게 할 수 없구나'라고 술회하고 있다.

『논어』의 위령공편(衛靈公編)을 통하여 공자는 '군자(君子)는 자기의 무능을 병(病)으로 안다'라고 말하고 있음에 비추어 공자의 위대한 교육적 사명(使命)에 대한 굽힐 줄 모르는 의욕(意慾)을 느낄 수 있다.

그러므로 우리 종친회의 종친들은 인애사상에 의한 교육이념을 실현함에 있어 옳고, 뜻있는 일이라면 신념과 자신감(自信感)을 갖고, 능력껏 육영정신을 구현해 나가야 할 것이다. 특히 우리의 미래인 청소년들을 위한 육영정신을 구현해 나가는 데 있어서 공자의 교육사상과 교육이념 등을 현대적으로 재해석하고, 21세기 오늘날의 현실에 부합되게 응용, 육영정신의 본질(本質)로 삼아야 할 것이며, 후손들의 미래지향적인 삶의 영위가 가능하도록 그들에게 배움의 여건조성(與件造成)에 적극 기여할 수 있도록 배전의 노력을 해야 할 것이다.

7. 박근혜 현종, 경제 혁신과
상생 위해 소통·화합 도모해야 (상)

(사)신라오릉보존회(박씨대종친회)와 전국의 우리 종친들은 이제 신라기원 2071년(AD 2014) 새해를 맞이했다. 갑오년(甲午年) 새해 원단(元旦)에 맞이한 새 아침은 그 어느 해보다도 새롭게 희망에 가득 찬 듯한 느낌을 갖게 했다.

그것은 올 한 해 동안 대한민국이 우리 박씨 종친인 박근혜 대통령이 집권 2년차를 맞이하여 우리나라 경제의 활성화 발전을 본격적으로 이룰 수 있는 국가 운영과 상생, 화합 및 '경제혁신 3개년 계획'의 시행을 통한 가시적인 국민생활의 향상을 도모할 수 있는 통치력의 발휘가 기대되는 희망찬 한 해가 되기 때문이다.

지난해 이맘때 필자는 본란을 통해 '박근혜 현종이 새 정부 출범 후 상생, 대통합, 국민 생활 향상 등을 통해 행복시대를 창출해 나가기 위해서는 세대 간 갈등 해소와 지역 간 균형발전 도모 및 소득 계층 간 불균형 개선 그리고 훌륭한 선조님들의 위업(偉業)과 충의정신(忠義情神)을 널리 현창토록 국정을 조화롭게 운영해 나가야 한다'라고 진언(盡言)을 한바 있었다. 그러므로 이번 기회에는 박근혜 현종이 그동안 수행해 왔던 주요 정책 중 국민들의 기대에 크게 부응하지 못했던 것으로 생각되는 일부 사회적인 쟁점 사안 및 국민들과의 원활한 '소통 문제' 등에 관해서 금후 2회에 걸쳐 종친들과 함께 성찰해 본다.

먼저 지난 한 해 동안 박근혜 현종이 국정수행 과정에서 야기되었던 주요 정책의 문제점 및 개선책을 고구해 보기에 앞서서 박근혜 정부의 올해 국정운영 기본 구상을 검토해보는 것이 긴요할 것이다. 박근혜 현종은 올해 신년 벽두(劈頭)에 취임 후 처음으로 기자 회견을 갖으면서 '본인은 미혹(迷惑)함에서 벗어나서 사물의 물욕(物慾)을 갖지 않고, 오직 국민들의 행복한 삶을 추구하는 데 심혈을 기울이겠다'라고 결의를 밝혔다.

그리고 앞으로 수행할 통일, 정치, 경제, 사회 분야의 국정 현안들에 대한 주요 구상과 의견을 국민들에게 밝힌 바 있었다. 이와 관련하여 우리 종친들도 주지하듯이 주요 관심사항과 특별히 유념해야 할 현안들을 이번 기회에 잠시 살펴보면 다음과 같다.

첫째, 통일 준비를 위한 기본적인 구상으로서 한반도 통일 의지를 천명한 사실이다.

'우리나라는 내년이면 분단 70년인데, 한반도 통일시대를 위한 준비에 들어가야 한다', '한 마디로 통일은 대박이다. 우리 경제가 대도약할 기회다', 'DMZ, 세계평화공원을 건설해 불신과 대결의 장벽을 허물자'라는 박근혜 대통령의 구상은 우리 종친들에게도 공감이 가는 참신하고 미래지향적인 희망의 미래를 기대할 수 있게 했다고 생각된다.

둘째, 북한 주민에 대한 인도적 지원과 조속한 이산가족 상봉을 북측에 제의한 구상으로서 기존의 한반도 신뢰 프로세스 원칙의 준수를 실천하겠다는 사실이다.

'대북 인도적 차원의 지원을 지속적으로 실시하여 남북한 주민 간의 동질성 회복에 노력할 것', '한국과 유럽의 NGO(비정부 민간지원기구)들과 힘을 합쳐 북한의 농업, 축산업 등에 지원할 것'이라는 구상도 북한 주민들에 대한 지원과 교류를 지속적으로 추진, 확대해 나가겠다는 박근혜 현종의 애민사상(愛民思想)과 인도적 지원의 실천의지(實踐意志)를 확인할 수 있어서 매우 인상적이었다.

셋째, 우리 경제의 혁신과 재도약을 위한 '경제혁신 3개년 계획'을 수립, 시행하겠다는 구상으로서 차질 없이 추진된다면 우리 경제가 활력을 되찾고, 성장 동력이 생겨 경제도약과 함께 국민생활 향상이 현저해질 것이라는 강한 의지를 천명한 사실이다.

이와 같은 구상들은 박근혜 현종이 임기 내에 동 계획의 추진을 통해 한 차원 높은 국가 발전을 이룩하겠다는 실천의지를 보인 것이다. 이에 대해서 우리 종친들은 이를 공감했을 뿐만 아니라 박근혜 현종을 적극 지지하면서 긍지와 보람을 느꼈을 것으로 생각된다.

또한, 박근혜 현종은 국민들에게 희망찬 미래를 선도할 지도자로서, 더 나아가서는 모범적인 종친으로서 우리 종친들의 사표(師表)가 될 수 있을 것으로 믿어진다.

그러나 박근혜 현종이 그동안 수행했던 국정운영 사항 중 미진했거나 부족했던 일부 정책에 대해서는 주마가편(走馬加鞭)의 심정으로 의견을 개진해 보고자 한다.

그동안 국정을 수행해 오면서 대선공약으로 약속했던 창조 경제의 단계적인 실현을 위해 우선 경제 민주화에 중점을 두고 노력해 왔다고 볼 수 있으며, 창의적인 융합 인재들이 일할 수 있는 노동환경 조성으로 신규 일자리 창출 관련 시책을 펼쳐왔고, 지역 간, 계층 간, 세대 간 갈등을 조율해 왔다고 볼 수 있을 것이다. 특히, 남북관계와 통일, 외교 문제와 관련된 통치 철학과 국정수행 상황은 '한반도 신뢰 프로세스'의 일관된 구축, 시행 노력이 돋보인 것으로 평가된다.

전통적인 굳건한 한미동맹 관계의 재정립과 중국과 러시아 및 인도 등과의 경제, 안보, 국방 면에서 상호 호혜적인 동반자 관계의 구축, 그리고 일본과는 과거사 문제 및 올바른 역사 인식의 엄정한 촉구를 위한 올 곧은 신뢰성 회복 외교를 일관성 있게 펼쳐왔던 한 해였다고 상당부분에 대해서는 대체로 긍정적으로 평가할 수 있을 것으로 생각된다.

따라서 희망의 미래로 '대한민국'을 이끌어 국민들에게 상생(相生)과 화합(和合)의 행복시대를 맞도록 영도력(領導力)을 발휘해 가는 박근혜(朴槿惠) 현종은 우리 종친들의 긍지(矜持)이며, 사표(師表)로서 500만 박씨 종친들에게 생활의 활력을 갖게 할 뿐만 아니라 앞으로 '경제혁신 3개년 계획'의 추진 등을 통한 국민생활 향상이 기대되는 바, 국민들은 물론 우리 종친들에게도 미래지향적인 삶을 영위(營爲)할 수 있게 하고 있다고 믿어진다.

박근혜 현종, 경제 혁신과
상생 위해 소통·화합 도모해야 (하)

우리나라의 최초 여성 대통령인 박근혜 현종은 취임 1년차인 지난 한 해 동안 주요 국정을 원활히 운영해 오면서 창조경제의 구현과 상생 및 국민행복시대의 창출을 위해 진력해온 한 해였다고 앞에서 살펴 본 바와 같이 상당부분은 긍정적으로 평가할 수 있을 것이다.

그러나 박근혜 현종의 국정 수행능력 및 성과 중 일부분에 대해서는 일반 국민들의 바람에 크게 미치지 못했거나 아쉬움을 초래했던 부분이 있지 않았나 하는 부정적인 평가도 존재한다는 사실을 우리 종친들도 공감(共感)할 수 있을 것으로 사료된다.

필자는 본 종친회 종원의 한 사람으로서 오직 박근혜 현종이 임기 중에 전국의 500만 박씨 종친들은 물론 온 국민들에게 희망찬 미래를 만들어 나가고, 상생과 행복시대를 이끌 수 있기를 바라는 간절한 마음으로 다소라도 개선의 여지가 있거나, 미흡했던 국정운영 사항 중 일부분에 대해서 개선의견(改善意見)을 다음과 같이 조심스럽게 밝혀보고자 한다.

그동안 박근혜 정부가 수행해 왔던 국정운영 상황 중 일반 국민들의 여망(輿望)이나 요구(要求)에 미흡했거나 개선되어야 할 점들을 요약, 개진(開陳)해 보면 다음과 같이 검토해 볼 수 있다.

첫째, 경제의 활성화가 미흡했고, 경제의 지속 가능한 성장동력 (成長動力)이 기대했던 수준보다 는 크게 부족하지 않았나 생각된다. 즉, 우리나라의 경제가 과열되거나 과도한 침체를 격지 않으면서 성장할 수 있는 경제의 기초체력 수준인 '잠재 성장률'이 글로벌 금융위기 이전만 하더라도 5% 정도였으나 박근혜 현종의 집권 이후 최근 한 해 동안에는 오히려 낮아져서 3.6% 수준(KDI 연구 보고서 참조: 우리나라 경제의 국책 연구기관 보고서)으로 떨어졌다는 사실을 주목해 볼 필요가 있다. 또한, 우리나라 경제는 성장 동력이 낮아져 경제 활력이 떨어지면서 최근 2년 연속해서 경제 성장률이 2%(2012년 2%, 2013년 2.8%)대에 머물러 있는 실정(현대 경제 연구원 연구보고서 참조)이라고 한다.

따라서 앞으로 우리 경제에 활력을 불어넣기 위해서는 과감한 해외 이민 정책이라든가, 우수한 해외 인재들이 우리나라에 와서 일할 수 있게 만드는 정책을 적극적으로 펼쳐나가야 할 것이 요망된다. 아울러 낮은 수준의 잠재 성장률을 높이기 위해서는 '고용증가 정책'과 '자본 확충정책' 및 'R&D(연구 개발) 확충 정책'이 조화롭게 병행 추진되어야 할 것으로 생각된다.

둘째, 우리 국민 모두가 고루 잘 살 수 있게 함으로써 국민행복시대를 창출한다는 '경제 민주화 시책'과 '복지정책'의 수행이 미흡하지 않았나 사료된다. 즉, 박근혜 현종은 정부 출범 후 국민 생활의 향상과 상생 및 국민 대통합을 통해 '국민행복시대'를 만들어 나가겠다는 공약과 함께 강한 실천의지를 표명한 바 있었으나 지난 1년간의 국정 운영상황을 감안해 볼 경우, 소득계층 간 불균형 개선과 지역 간 균형 발전의 도모 상황이 기대에 크게 미치지 못했을 뿐만 아니라 국민 복지 향상을 위한 정책이 미흡했던 것으로 보이는 바, 예를 들면 '기초노령연금 지급정책'의 혼선 야기 등으로 인한 공약 미 이행 또는 동 시책의 후퇴 상황을 지적하지 않을 수 없을 것이다.

그러므로 앞으로 국민 계층 간 불균형의 개선과 상생 및 국민생활 향상을 도모하기 위해서는 이와 관련한 공약 이행은 물론 보편타당한 국민들의 기대수준으로 '경제 민주화'와 '국민복지' 향상 정책이 추진되어야 할 것이 요구된다.

셋째, 국민 대통합과 화합 및 인사 대탕평 정책의 효율적 추진으로 국력을 결집시키는 노력이 다소 부족하지 않았나 생각된다. 즉, 이는 국민들과의 원활한 '소통 문제'로서 현 정부 출범 당시 인사의 대탕평과 보수 및 진보의 핵심가치(核心價値)를 융합시키는 국민 대통합을 통한 국민화합(國民和合)과 상생(相生)의 도모를 공약함으로써 국민들에게 우리나라의 새로운 '성장 에너지와 환경'이 조성될 수 있을 것이라는 기대감(期待感)을 갖게 했다고 믿어진다.

그러나 박근혜 정부의 정책당국과 사회 각계 각 분야의 국민(노사문제, 공기업 개혁 등 관련)들과의 원활한 '소통의 부재' 문제는 오늘날 사회 경제적 측면에서 볼 경우 일정 수준의 정도를 뛰어넘는 사회적 이슈가 되고 있는 현실로서, 현 정부 관계자들과 여당 측의 부인에도 불구하고, 일부 뜻있는 국민들과 야당 측에게 소통부재 문제를 공감시키고 있다고 생각한다.

이러한 사실은 우리사회의 일각에 자리 잡고 있는 견해(見解)이기도 하지만, 새로운 사회적인 문제로 대두되고 있다는 사실을 우리 종친들은 관심 있게 성찰해 볼 필요가 있다고 판단된다.

박근혜 현종은 앞으로 우리나라를 21세기 새 시대의 희망찬 미래로 이끌어 가고, 국민들에게 미래지향적인 삶을 영위할 수 있게 선도해 나갈 대통령, 국민적 대통합과 상생 및 경제 민주화를 통한 성장 동력을 창출해 나가는 대통령으로서, 우리나라를 선진국 수준으로 도약시키기 위해서는 국민들과의 '소통과 화합'이 원활히 이루어져야 할 것으로 생각한다.

그러므로 박근혜 현종이 경제혁신(經濟革新)과 지속 가능한 성장동력(成長動力)의 창출로 제2의 경제도약(經濟跳躍)을 이룩하기 위해서는 국정운영 과정에서 국민들의 기대 수준과 여론을 충분히 수렴해야 하고, 특히 반대 여론이 있을 경우 법과 원칙은 준수하되 정책시행의 타당성을 사전에 이해시키면서 비정상적인 방법으로 반대하지 않는 한, 이를 적극 협의(協議), 조정(調整)할 수 있는 참신한 협의문화(協議文化)와 사회정의(社會正義)가 구현(具現)되도록 각계각층의 국민들과의 소통(疏通)이 원활히 이루어져야 할 것으로 판단된다.

제4부

'제4차 산업혁명' 대변혁의 본질과 우리의 대응 자세

1. '참살이·참가정' 도모는
우리의 사명(使命)이며 여망(興望)이다 (상)

(사)신라오릉보존회(박씨대종친회)는 숭조, 애종, 육영의 종강삼시(宗綱三是)구현을 목표로 창설(1959년도)된 지 어느덧 55년의 연륜을 쌓아옴으로써 머잖아 회갑을 맞을 시기가 다가오고 있다. 그동안 전국의 대, 소 종친회에서는 종친회의 활성화 도모를 위하여 많은 관심과 협조를 아끼지 않은 종친들과 대, 소 종사활동을 추진하면서 각별한 애종심(愛宗心)과 봉사정신(奉仕精神)으로 헌신적인 활동을 해온 종친들이 있었기 때문에 이러한 종친들의 노력에 힘입어 본회의 원활한 운영이 가능했다고 생각된다. 그러한 결과 본회가 오늘날과 같은 굳건한 기반과 체재를 갖춘 우리나라의 정통성(正統性)있는 명문 박씨(名門 朴氏)종친단체로 성장, 발전할 수 있게 되었다고 믿어지기 때문에 매우 자랑스럽게 생각한다.

그러나 다른 한편으로는 필자가 그동안 종친의 한사람으로서 종친회의 활성화에 크게 기여하지 못하고 지내온 면이 없지 않았던 것 같아 아쉬움을 금할 길이 없다는 것이 솔직한 심정이다. 그러므로 필자는 물론 뜻있는 종친들은 앞으로 우리 종친회의 활성화를 통한 종강삼시를 적극 구현하고, 지역사회의 발전에 기여하면서 우리가 살아가는 이시대의 어른으로서의 역할(役割)과 사명(使命)을 다해 나갈 것임을 새삼 다짐해 본다.

이렇게 하기 위해서는 우선 우리 종친들 스스로 성손(聖孫)으로서의 본분(本分)과 기본 도리(道理)를 제대로 이행하면서 삶을 영위하고 있는지, 자신이 참살이를 하고 있고, 또한 참가정을 이루면서 살고 있는지 등을 되돌아볼 필요가 있을 것이라고 생각한다.

따라서 본란을 통해 금후 2회에 걸쳐 종친회의 활성화와 더불어 가족질서를 바로 세우기 위한 노력을 하며, 애종심과 봉사정신을 구현해 나갈 것을 종친들과 함께 성찰해 본다.

전국의 500만 박씨 종친들과 본회의 종원들도 이미 잘 알고 있듯이 우리나라의 전통적인 가족 중심(씨족 중심)문화와 정통성 있는 가정의 질서유지가 중요시되어 왔던 윤리의식이 붕괴되기 시작된 것은 역사적으로 볼 때 갑오경장(甲午更張, 1894년, 조선왕조 26대 고종 31년) 이후인 20세기 초 구한말 경부터 우리나라에 서양문물이 무분별하게 밀려들어왔기 때문이라고 생각된다.

그러므로 그동안 우리사회에 급격히 유입된 서구문화와 물질만능의 의식구조를 팽배시킴으로써 전통적인 가족질서가 무너졌을 뿐만 아니라 그동안 면면이 우리사회의 굳건한 기둥역할을 해왔던 사람(가족) 중심의 전통사회가 붕괴되어 가면서 전통사회의 윤리, 도덕관념마저 희박해져 가고 있는 각박한 세태가 조성되어가고 있다는 것이 오늘날의 현실이라고 판단된다.

또한, 사회 경제적으로 더욱 우려스러운 것은 근간에 우리나라가 경제적으로는 비약적인 성장과 발전의 결과로 물질적인 풍요로움과 윤택해진 삶을 누리고 있으나 가족질서의 붕괴 현상과 함께 날로 각박해져가는 인정(人情)과 남을 배려하는 마음이 희박해져가는 삭막한 세태는 시급히 개선되고, 치유되어야 할 문제라고 생각한다.

특히 최근 우리사회는 저출산(低出産), 고령화(高齡化) 사회 현상과 더불어 청년실업자 증가와 빈부격차(貧富隔差)의 심화 등 사회 경제적인 제반 문제가 증가되고 있어 윤리, 도덕적인 측면에서 중병을 앓고 있다고 볼 수 있다. 그렇다면 이와 같은 사회 경제적인 문제들을 해결해 나갈 수 있는 실마리와 방법은 어디서 어떻게 찾아 우리 사회를 보다 건강하고, 바람직하게 다시 일으켜 세울 수 있을 것인가? 이에 대해서 필자는 우선 '가정을 바로 세우고 가족질서를 바로 잡아 나가면서 애종심과 봉사정신으로 우리 종친회를 더욱 활성화 시켜나가야' 한다는 명제의 구현이 바람직할 것이라고 믿어진다. 그 이유는 우리 종친들이 현실적으로 물질적인 참살이(Well-Being)를 추구하는 삶과 함께 우리 사회의 훌륭한 정통적 윤리, 도덕이 바로서는 참가정(True-Family)을 추구, 육성시키려는 공동의 선(善)과 공동의 노력(努力)없이는 전술한 바와 같이 사회 경제적으로 많은 문제를 갖고 있는 우리 사회를 건전(健全)하고 건강(健康)한 사회로 만들어 나갈 수 없다고 생각하기 때문이다.

우리 종친들도 공감할 수 있듯이 현재의 사회적인 문제들의 원인은 무엇보다도 비정상적으로 현제화(懸題化)되어가는 가정이 늘어나고, 가족질서가 바로서지 못하게 됨으로써 우리사회의 혼란이 점증되는 것이 아닌가 생각하기 때문이다.

일반적으로 인간이 사회적인 존재로서 삶을 영위해 나가는 데 기본이 되는 본바탕은 사람과 사람 사이에 주고받는 인정(人情)이 넘쳐야 하고, 서로의 존재가치(存在價値)를 인정하면서 상호존중(相互尊重)과 사랑이 있는 삶이 바람직한 세상살이일 것이다.

　우리 종친들은 바른 가정에서 가족 간에 화목(和睦)하고, 사랑을 주고받으면서 함께 행복(幸福)을 누리고, 기쁨을 느끼며 살아감으로써 인격적으로 더욱 성숙해지고, 인품(人品)과 품성(品性)이 성숙한 인간이 될 수 있을 것이다. 그러므로 흔히 사람들은 어떤 수준의 가정과 어떤 사회 풍토에서 삶을 영위하느냐에 따라 커다란 영향을 받으면서 살아가는 존재이기 때문에 우리 종친들의 가정을 바로 유지시키고 밝고, 건전한 사회를 만들어 나갈 수 있도록 우리 종친들이 솔선수범하여 이의 실현을 위해 적극 노력해 나가야 할 것이다.

　따라서 전국의 대, 소 종친회와 우리 종친들이 건전한 삶인 참살이를 추구하는 생활과 함께 윤리, 도덕이 바로 서고, 가족질서(家族秩序)가 유지되는 참가정을 도모해나가는 공동의 선(善)과 노력(努力)을 해야 하는 까닭은 불안정한 사회적 문제들을 야기하고 있는 우리 사회를 건강한 사회로 조성해 나가는데, 종친들이 솔선해야 하기 때문인 바, 우리 종친회는 이러한 시대적 여망(輿望)에 부응하여 본래의 사명(使命)과 역할(役割)을 다해 나가야 할 것이다.

**참살이·참가정' 도모는
우리의 사명(使命)이며 여망(輿望)이다 (하)**

전국의 500만 우리 종친들도 주지하듯이 우리의 가정을 소우주 (小宇宙)라고도 지칭하고 있는데, 이것은 가정이라는 기본 공동체는 가족 간에 사랑을 나누면서도 이웃을 사랑하고 서로 관심과 배려하며, 함께 살아갈 줄 알아야 하는 상생(相生)의 삶을 영위할 수 있도록 하는 기초적인 삶의 도장(道場)이 되기 때문인 것이다.

그러므로 이와 같은 사랑과 평화가 싹트고, 꽃 피울 수 있는 가정에서 만이 비로소 '사람다운 참인간'이 배출될 수 있어서 밝은 가정과 사회가 조성되는 것이라고 생각한다.

그동안 우리나라의 모범적인 아름다운 가정의 전통은 조부모, 부모, 손자녀 등의 3대가 존경과 사랑을 나누고, 가족질서를 유지하면서 화목하게 살아가는 가정인 것이다. 그래서 이러한 행복한 가정에서는 소위 '우주적인 사랑'이 이루어질 수 있다고 믿어진다.

그렇다면 이러한 우주적인 사랑이란 무엇인가? 이것은 가족질서가 바로 서는 가정에서 자녀로서의 사랑을 체험(體驗)하고, 형제자매의 우애와 사랑을 체험하게 되며, 자녀가 성장하여 결혼을 하면 부부로서의 사랑을 체휼(體恤)하게 되면서, 자녀를 낳아 부모가 되면 가장 원숙한 사랑인 부모의 사랑을 체휼하게 되는 등 이러한 원만하고, 성숙된 가정에서의 라이프 사이클(Life Cycle)상의 4대 사랑 (자녀의 사랑, 형제자매의 사랑, 부부의 사랑, 부모의 사랑)을 말하는데, 이를 완성했을 때에는 사람다운 참사람이 될 수 있다고 한다.

이번 기회에 본란을 통해 참된 가정의 4대 사랑에 관해서 종친들과 함께 좀 더 고구해 보는 것도 의미가 있을 것으로 생각되어 이를 부연해 보면 다음과 같다.

첫째, '자녀의 사랑'은 종적이고, 하향적인 부모의 사랑을 받아 성장하기 시작하는 사랑이다. 사랑받은 자녀는 부모에게 효도와 감사를 돌리게 된다. 이 자녀의 종적이고, 상향적인 사랑이 이상적인 사회를 형성하는 기초가 되는 것이다.

둘째, 진정한 부모의 사랑을 받고 자란 형제자매의 사랑은 이웃을 배려하는 호혜적인 사랑을 나누게 된다. 가정에서 배운 형제 자매간의 서로 위하는 횡적인 사랑이 가정을 넘어서 인류애로 확장될 수 있는 것이다. 가정에서 형제간의 사랑을 배우고, 인류가 지구한 가족임을 인식하면 인류를 형제자매로서 사랑할 수 있게 된다. 이 형제자매의 횡적이고, 외향적인 사랑이 참사랑의 사회와 세계를 만드는 또 하나의 기초가 되는 것이다.

셋째, 남녀가 성인으로 성장하면 짝을 이루어 '부부의 사랑'을 나누게 된다. 부부 사이의 내향적인 횡적 사랑은 절대로 제3자와 나눌 수 없다. 형제 사랑은 대상이 많을수록 큰 사랑이 펼쳐지지만 부부사랑은 오직 한 남자와 한 여자로 한정된다. 자녀사랑, 형제자매의 사랑, 부모의 사랑은 상대이상(相對理想)을 주고받는 사랑이고 부부사랑은 두 남녀가 한 몸을 이루는 일체이상(一體理想)을 이루는 사랑으로 여러 상대와 결합해서는 절대로 안 되는 것이다. 이것이 부부사랑의 특별한 가치(價値)와 성격(性格)인 것이다.

넷째, 부모는 가정을 위한 사랑의 원천이다. '부모사랑'의 특성은 아무런 조건 없이 주는 희생적인 사랑이다. 그러한 부모의 사랑은 자녀들의 육체와 영적 성장에 지대한 영향을 준다. 자녀는 부모의 사랑과 삶을 본받아서 참사랑의 인격자가 되는 것이다. 그러나 내 가정만이 건전하다고 자녀가 바른 인격이 형성될 수는 없다. 그러므로 사회 전체가 건전하여야 함께 어우러져서 행복하고, 기쁜 삶을 살 수 있는 것이다.

우리 종친들은 이제부터라도 가정의 소중함을 심각하게 깨닫고, 모두 손잡고 건강한 가정을 이루도록 최선을 다해야 할 것이다. 우리 종친들도 잘 알고 있듯이 우리 온 종친들의 시조대왕인 박혁거세(朴赫居世) 거서간(居西干)님은 일찍이 2071년(신라기원) 전에 광명이세(光明理世)라는 치세강령을 제시하여 우주 생명 존재의 원리(原理)가 밝게 세상에 이루어지도록 백성을 지도하고 나라를 다스렸다. 21세기를 살고 있는 오늘날에도 가정윤리와 가정가치는 인간의 보편적 윤리의 중심원리가 되는 것이므로 가정의 윤리와 가치가 각자의 가정에 올바르게 꽃피워질 때만이 온 세상이 편안해지고, 행복하게 되는 것이라고 믿어진다.

그러므로 우리 종친들은 앞으로 (사)신라오릉보존회(박씨대종친회)를 중심으로 돈목, 화합하여 모범적인 '박씨 명문가정(朴氏 名門家庭)'을 이루어 나가야 할 것이다.

돌이켜보면 갑오년(甲午年) 올 한 해 동안에는 '세월호 참사'와 같은 비윤리적인 사건과 젊은 병사가 집단 구타당해 숨지는 등 비인간적인 사고가 많았던 해였다고 기억된다. 전국의 500만 박씨 종친들은 이러한 사회적 도덕불감증(道德不感症) 문제들을 교훈(敎訓)삼아 희망찬 2015년 새해에는 더욱 건강(健康)하고, 도덕적으로 건전(健全)한 해가 될 수 있도록 우리 대, 소 종친회가 더욱 활성화되고, 우리 종친들이 '참살이 참가정'을 이룩해나가야 할 것이므로, 본 종친회와 종친들은 명현선조(名賢先祖)님들이 오랜 기간 동안 면면이 모범적인 본을 보여주었던 동방예의지국(東方禮義之國)의 윤리, 도덕 전통을 온고이지신(溫故而知新)하여 이를 현재의 시대 상황에 맞게 발전적으로 개선시켜 되살릴 수 있도록 성손(聖孫)으로서의 기본도리(基本道里)와 사명(使命)을 다해나가야 할 것으로 판단된다.

2. 사랑과 긍정(肯定) 마인드의 힘은
우리들 삶의 원동력(原動力) (상)

신록의 아름다움과 선연(嬋娟)함이 느껴졌던 맹하지절(孟夏之節)이 지나가고, 지금은 어느덧 한 여름의 무더위가 한창인 대서(大暑)를 맞고 있다. 전국의 500만 우리 종친들은 오늘날 21세기 첨단과학 문명사회에 살고 있으면서도 최근 우리의 삶을 위협하고, 곤경(困境)에 빠트리는 상황에 처해 있다는 것이 현실이다. 그것은 근래에 지구촌의 이상기후 변화로 인한 극심한 가뭄피해와 중동발 호흡기 증후군인 메르스 바이러스(MERS-VIRUS) 감염 피해, 그리고 전국적인 메르스 사태로 야기되는 사회, 경제적인 손실 및 국민들의 정서적 트라우마(공항장애, 허탈감)등 3중고(三重苦)를 겪어가며, 생활해야 하는 시기에 살고 있다는 것이 사실이다.

그러나 이와 같은 어려움과 예기치 못한 문제들이 발생한다 하더라도 우리 종친들은 수많은 명현선조(名賢先祖)님들이 그러했듯이 지금의 국가적인 어려움을 현명하고, 지혜롭게 해쳐나가야 할 것이다. 이렇게 하기 위한 시의적절한 방안 중 하나는 우선 '사랑과 긍정(肯定)마인드의 힘'을 적극 발휘해 나감으로써 현실적인 역경(逆境)을 극복해 나갈 수 있는 지름길의 하나라고 믿기 때문에 필자는 이와 관련된 견해를 금후 3회에 걸쳐 종친들과 함께 성찰해 본다.

그동안 (사)신라오릉보존회(박씨대종친회)의 종원들은 항상 숭조, 애종, 육영의 종강삼시 정신의 원활한 구현과 시조대왕인 박혁거세(朴赫居世) 거서간(居西干)의 가르침인 광명이세(光明理世) 정신을 계승, 발전시켜 나가야 할 사명감(使命感)을 갖고, 활기찬 삶을 영위해 나감으로써 개인적 발전을 도모하면서 국가, 사회의 발전에 적극 기여해 왔던 것으로 믿어진다.

그렇지만 이와 같은 우리 종친들은 요즈음처럼 사회 경제적으로 어려운 시기에 우리가 이러한 시대를 살아나가는 데 있어서 '참다운 우리 삶의 목적'이 과연 무엇인가에 관해서 올바르게 인식할 필요가 있으므로 이에 대해서 먼저 잠시 살펴보는 것도 중요한 의미가 있을 것이다.

일부 인생 철학자들의 견해에 따르면 사람들은 한 없이 자아(自我)와 자신의 생명(生命)을 사랑하면서도 결국은 죽음에 이를 수밖에 없는 허무한 운명에서 벗어날 길이 없는 존재(存在)라고 하면서 동시에 모순(矛盾)과 괴리(乖離)의 존재(存在)라고도 한다. 그렇지만 '사람은 삶의 목적이 없이는 살 수 없으면서도 궁극적인 목적을 찾을 수 없도록 운명(運命)지어진 존재'라고 하고, 있기도 하다는 것을 우리 종친들은 유념해야 할 것이다. 그렇다면 그동안 '인생 철학자들이 공통적으로 천명(闡明)하는 참다운 우리 삶의 목적'은 무엇인가?

그것은 첫째, 사람이 이 세상에 태어난 이상 인간에게 주어진 피할 수 없는 목적 중의 하나는 자기성장(自己成長)과 자아완성(自我完

成)의 책임이라는 것이다. 사람은 자기 자신을 객관적 존재로 보고, 우선 성실하게 성장하고, 가능한 한 자기완성을 가져오도록 노력해야 할 것이다. 그리고 개인은 개인대로 성장해야 하고, 사회는 사회대로 성장, 발전해 나가야 한다는 것이다. 둘째, 우리가 책임과 의무를 다해야 할 또 다른 삶의 목적은 자신에게 맡겨진 일과 직책에 최선을 다하면서 그 사회적 의미를 남기는 일이다.

여기서 주어진 일에 최선을 다하고 사명을 다한다는 것은 '게으른 인생을 살지 않으며, 시간의 낭비를 가져오지 않는다'는 의미일 것이다. 이 세상에는 자기 자신도 미처 느끼지 못하는 죄악이 있는데, 그것은 바로 게으름이며, 불교(佛敎)에서는 게으른 사람과 지혜가 모자라는 사람은 지옥에 떨어져 마땅하다고 가르치고 있고, 기독교도 마찬가지로서 허송세월하는 것을 가장 큰 죄악으로 여기고 있다. 셋째, 우리들에게 요청되는 삶의 목적 중 가장 중요시되는 것의 하나는 인간에 대한 봉사라는 것이다. 본래 우리 인간은 혼자 살 수 없는 존재이며, 사회 속에서 태어났고, 사람들과 더불어 살다가 인간사회를 떠나는 것이 곧 삶의 종말인 죽음인 것이다. 그러므로 우리가 '삶을 영위해 가는 동안은 서로 존경하고 배려하고, 도움을 주고받으며 사랑을 나누면서 살아가야 한다'라는 것이다. 이러한 경우 타인을 위하는 길이 곧 나를 위하는 길이며, 이웃을 사랑하는 것이 바로 나 자신을 사랑하는 길이 된다는 것을 알아야 한다.

그러므로 우리 종친들이 삶을 영위하면서 일상적으로 유학(儒學)을 가르쳐 유교(儒敎)를 창시한 공자와 대자대비(大慈大悲) 사상을 가르쳐 불교(佛敎)를 창시한 석가모니 부처님, 그리고 이웃을 널리 사랑하라는 가르침으로 기독교(基督敎)를 창시한 예수 그리스도 같은 분들을 유사 이래로 가장 위대한 인물로 존경(尊敬)과 추앙(推仰)하는 이유는 그들이 바로 인간에의 사랑과 봉사를 누구보다도 지성스럽게 가르쳐 주었기 때문이라고 믿어진다.

일찍이 19세기 말 덴마크의 종교 철학자 키에르 케고르(S.A.Kierkegaard, 1813~1855)와 함께 실존주의(實存主義) 철학의 선구자였던 독일의 철학자 니체(Friedrich W.Nietzsche, 1844~1900)는 신의 죽음과 우리 인간 삶의 긍정(肯定)의 최고 형식을 갈파한 역작 『짜라투스트라는 이렇게 말했다(Also Sprach Zarathustra)』에서 '나는 신들을 사랑하기 보다는 우리 인간을 사랑하기 위해 세상으로 내려간다'라고 선언(宣言)하기도 했다.

그러나 우리가 돌이켜 생각해보면 모든 종교(宗敎)는 불가능한 신을 사랑하는 것이 아니라 신의 뜻에 따라 인간을 위하고 사랑하는 것이 바로 참다운 신앙(信仰)일 것이라고 생각된다.

따라서 우리 종친들은 살아가면서 인애사상(仁愛思想)을 통해 공자(孔子)의 선하고 아름다운 인간관계(人間關係)를, 대자대비(大慈大悲)와 박애사상(博愛思想)을 통해 석가모니(釋迦牟尼)와 예수 그리스도의 인류공동체(人類共同體)에의 봉사(奉仕)와 희생정신(犧牲精神)을 배울 수 있는 바, 우리 삶의 원동력(原動力)이 되는 사랑은 영혼(靈魂)의 르네상스(Renaissance)로서 그 기능과 목표는 상호 간의 화목(和睦)과 행복(幸福)이어야 할 것이다.

사랑과 긍정(肯定)마인드의 힘은
우리들 삶의 원동력(原動力) (중)

전국의 대, 소 종친회의 종원들과 우리 종친들은 인내(忍耐)와 노력(努力)없이 '사랑의 꽃'을 피울 수 없고, 정성(精誠)과 정열(情熱)없이 '사랑의 열매'를 맺게 하지 못하며, 절제와 고통 없이 '사랑의 향기(추억)'를 누릴 수 없을 것이라는 사실을 깨달아야 할 것이다.

대체로 사람에게 있어서 가장 긍정적인 속성은 사랑의 힘일 것이다. 그리고 가장 부정적인 속성은 이유 없는 질투심과 미움일 것이다. 우리 종친들이 서로의 품성(品性)과 존재가치(存在價値) 및 입장이 다른 점을 자기 기준에 맞추어 판단하지 말고, 서로를 존중(尊重)해 주고 배려함으로써 사랑이 충만한 행복한 세상을 만들어 나갈 수 있게 해야 할 것이다.

한편, 부정적인 감정과 마찬가지로 미움도 하나의 선택이라고 볼 수 있으며, 이러한 경우 상대방에게 보다 친절하고 인간애(人間愛)를 발휘한다면 반드시 안정(安定)과 안녕(安寧)을 누리게 될 수 있는데 이는 바로 사랑의 힘이 작용하기 때문이라고 생각한다.

오늘날 현대인들은 첨단기술과 더불어 급변하는 사회에서 만성적인 육체적 피로감과 경쟁사회 속에서 정신적 갈등을 느끼며 삶을 영위해 나가고 있고, 각종 정보의 홍수에 싸여 전화, 컴퓨터, 휴

대전화, 이메일, 팩스 등의 노예가 되어 우리 종친들은 각종 기술에 대한 무기력감(Technodespair)에 **빠져** 있다고 해도 과언이 아닐 것이다.

또한, 우리 종친들은 삶을 영위하면서 생존경쟁과 경제적 격변, 그리고 각종 질병이 난무하는 세계에 살고 있다. 그렇지만 또 다른 한편으로는 사랑과 기적(奇蹟)과 치유(治癒)의 세계에 살고 있다고 볼 수 있다. 이와 같은 모든 것들은 우리의 생체 에너지에 영향을 미치며, 우리 자신의 에너지도 주위 사람들에게 영향을 미치게도 하는데, 우리들은 눈에 보이지 않는, 우리를 둘러싸고 소용돌이치는 거대한 에너지 장의 일부이기도 하다.

이러한 에너지장은 바로 긍정적인 에너지로 구성될 수도 있고, 부정적인 에너지로 구성될 수도 있는데, 우리는 가능한 한 긍성석인 에너지를 구축하고, 부정적인 에너지를 몰아내도록 노력해야 할 것이다. 이렇게 하는 것이 활기찬 삶을 영위하는 필요조건(必要條件)이며, 건강한 삶을 도모하기 위한 충분조건(充分條件)이라고 생각된다.

우리 종친들도 이미 잘 알고 있듯이 심각한 시각과 청각장애를, 삶에 대한 열정(熱情)과 애정(愛情)으로 극복하여 인간승리를 이룩한 미국의 사회사업가 헬렌 켈러(Helen A. Keller, 1880~1968)여사는 이렇게 말했다. '운명(運命)앞에서 변화(變化)를 직시하면서도 자유로운 영혼(靈魂)으로 행동(行動)하는 것이야 말로 우리 삶의 원동력이 될 수 있다.'

우리 종친들은 이 말을 통해서도 긍정적인 에너지의 힘은 분명 우리들 삶에 원동력이라는 사실을 알 수 있을 것이다. 이와 같은 긍정적인 에너지는 이 세상과 그 모든 창조물에 대한 감사(感謝), 그리고 관용할 수 있는 심오한 역량과 안정되고 행복한 우리의 삶을 이루고자 하는 삶에 대한 열정(熱情)과 사랑 등에서 나온다고 전문가들은 지적하고 있다.

또한, 이들은 우리들의 기본적인 생활에 필수적인 식량이나 산소처럼 우리의 생명을 유지하는 데 핵심적 역할을 하는 것으로 규명되고 있다. 그런데 부정적인 에너지는 우리들을 나약하게 만들어 결국은 질병을 일으킬 수도 있고, 생명(生命)을 잃게 할 수도 있다고 한다.

이러한 부정적인 에너지는 불안, 공포, 자기혐오, 분노와 절망 등에서 생겨나기도 한다.

일반적으로 부정적인 삶을 살아가는 사람들의 특성을 보면 첫째, 자신의 결점 때문에 스스로를 학대하거나 비관주의에 빠지는 경향이 있다. 둘째, 언제나 완벽하고 긍정적으로 보여야 한다고 생각한다. 셋째, 자신의 단점을 무시한 채 그로 인해 무의식적으로 타인에게 해를 끼친다. 우리는 인간이기 때문에 장점과 단점을 모두 지니고 있다는 사실을 잊지 말아야 한다. 그리고 자신에게 지나치게 이상적인 기대를 하지 않는 법을 배워야 할 것이다.

그러므로 우리들은 크고 작은 단점을 안고 살아가고 있지만, 항상 열린 마음과 유머감각으로 어려움을 헤쳐가며 훌륭한 인간성(人間性)을 키우고 타인을 포용(包容)할 수 있다는 희망을 갖고 생활해 나갈 필요가 있다고 판단된다.

여기서 부정적인 사고와 부정적인 에너지로 생명을 잃게 된 사례를 살펴보면 다음과 같다. 영국의 한 외신보도에 의하면 1960년대 말 경 포르투갈 산 포도주를 운반하는 한 선원이 스코틀랜드 항구에서 짐을 내린 뒤 냉동 창고에 갇혀버렸다. 선박은 항구에 정박 중이었고, 얼마 후 다른 선원들이 냉동 창고 문을 열었을 때 그 선원은 이미 목숨이 끊긴 상태였다. 냉동 창고 냉동실 벽에는 그가 쇳조각으로 새겨 넣은 다음과 같은 절규하는 글이 발견되었다. '냉동실에 갇혔으니 이제 난 오래 버티지 못할 거야.' 그리고 문구와 함께 찬 공기에 언 부위가 견딜 수 없이 따끔거리는 상처로 변해가는 과정도 세밀하게 묘사되어 있있다.

사람들은 그것을 보고 깜짝 놀랐다. 냉동 창고의 냉동 장치는 가동되지 않는 상태였고, 온도계는 섭씨 19℃를 가리키고 있었기 때문이다. 뿐만 아니라 냉동 창고 안에는 장기보존용 식량도 충분했었다. 결국 그 선원을 죽음에 이르게 한 것은 죽을 만큼의 추위나 배고픔이 아니라 죽게 될 것이라는 불길한 예감(禮監)과 두려움 및 절망(絕望)때문이었을 것이다.

이 선원의 이야기는 바로 부정적인 생각이나 부정적인 에너지가 얼마나 끔찍한 파괴력(破壞力)을 가졌으며, 상황에 따라서는 귀중한 생명(生命)을 잃을 수도 있다는 것을 보여주는 유명한 사례로 우리 종친들은 어떠한 경우라도 희망을 잃지 말고 삶을 영위해 나가야 할 것이다.

 ## 사랑과 긍정(肯定)마인드의
힘은 우리들 삶의 원동력(原動力) (하)

미국 켈리포니아 주의 UCLA의과대학 교수이며, 정신과 전문의인 주디스 올로프(Judith Orioff M.D)에 의하면 긍정적인 마인드로 삶을 영위하는 사람들의 일반적인 특성은 '첫째, 자신과 타인에 대한 연민과 열린 마음을 잘 알고 있다. 둘째, 자신의 꿈을 이루기 위해 용기 있게 정진한다. 셋째, 자신의 단점을 알고 있으며, 그것을 고치려고 노력한다. 넷째, 자신이 잘못한 경우에는 결코 실망하지 않고 이를 통해 배우려고 한다.'라고 지적했다.

그러므로 긍정적인 사람들의 긍정적인 마인드와 긍정적인 에너지는 우리 몸에 독감 바이러스가 침입해도 용이하게 견딜 수 있는 강력한 방어력과 생명력을 갖는다고 한다. 예를 들면, 미국의 유명 대학교 심리학과 교수 연구팀이 지원자 198명을 대상으로 '긍정적인 사람은 덜 아프다'라는 가설(假說)을 실험한 결과가 이를 증명했다고 전해진다.

즉, 연구팀은 먼저 실험 참가자들의 성별과 나이, 건강 상태와 운동 여부 같은 외적 조건과 함께 긍정적인 정서와 부정적인 정서도 분석했다. 그리고 그 결과를 바탕으로 실험 참가자들은 '가장 긍정적인 사람', '보통 긍정적인 사람', '덜 긍정적인 사람' 이렇게 세 그룹으로 분류했다.

연구팀이 실험 참가자들 코에 코감기를 일으키는 '리노 바이러스'를 주입하고 6일 동안 격리 관찰하자 놀라운 일이 벌어졌다. '가장 긍정적인' 그룹이 '보통 긍정적인' 그룹보다 감기가 덜 걸렸고, '보통 긍정적인' 그룹은 '덜 긍정적인' 그룹보다 감기에 걸린 확률이 낮았다. 이후 연구팀이 독감 바이러스로 동일한 실험을 진행했을 때도 같은 결과가 나왔다. 앞서 진행한 실험과 마찬가지로 '가장 긍정적인' 그룹이 독감에 덜 걸렸다. 연구팀이 분석한 결과 긍정적인 정서를 지닌 사람일수록 '인터류킨-6' 수치가 낮았다.

이 '인터류킨-6'은 몸에 염증을 유발하는 단백질로서 이 수치가 높으면 심장 질환, 뇌졸중, 천식, 관절염, 당뇨병 및 몇몇 암과 같은 만성 질환들을 일으킬 확률이 높다. 긍정적인 사람 몸에는 염증을 일으키는 단백질인 '인터류킨-6'가 상대적으로 적기 때문에 바이러스가 침투해도 질병으로 발달할 확률이 낮은 것이다.

그러므로 정신 상태에 따라 육체가 좋거나 해로운 물질이 생긴다는 위와 같은 사례들에 비추어 정신이 육체를 지배한다는 말은 결코 엉뚱한 소리가 아니라는 것을 알 수 있다. 우리는 매사에 항상 긍정적 사고로 임한다면, 마음은 물론 몸까지 건강한 상태로 삶을 영위할 수 있게 될 것이다.

앞에서 살펴본 두 가지 사례에서 알 수 있듯이 우리 종친들은 부정적인 마인드와 긍정적인 마인드의 힘이 얼마나 크게 작용하며, 경우에 따라서는 우리의 생명까지도 좌우할 수 있다는 사실을 알 수 있었을 것이다. 다시 말하면 피할 수 없는 때에는 부정적인 에너지를 긍정적인 에너지로 바꿀 수 있는 대처방안(對處方案)을 찾는 기지를 발휘해야 할 것이다.

옛 말에 호사다마(好事多魔)라는 말이 있듯이 대체로 모든 빛나는 순간에는 이를 시기(猜忌)하고 우리를 질시(嫉視)하는 어떤 외적, 내적인 힘이 존재하는 경우가 많은데, 이러한 때에는 긍정적인 것은 받아들이고, 부정적인 것에 대해서는 적극적으로 배척할 때 우리는 충만한 에너지와 잠재력(잠재적 에너지)을 발휘할 수 있게 될 것이다.

사실 일부 서양인들은 잠재적 에너지를 불가사의한 것으로 생각하고 있으며, 이를 미국의 과학자들은 생체장(Biofields)이라고 부르는데, 우리나라의 전통 한의학(韓醫學)에서는 잠재력을 '기(氣)'라고 부르기도 한다. 또한, 인도의 요가 수행자들과 인도 전통 의학인 아유르베다에서는 '프라나(Prana)', 하와이의 원주민들은 '마나(Mana)', 아메리카 인디언들은 '니(Ni)', 아프리카의 샤먼들은 '눔(Num)'이라고 부르는데, 특히 오스트레일리아(호주) 원주민들은 이러한 잠재적 에너지와 조화를 이루는 사람은 각종 질병을 치유할 수 있는 능력이 있으며, 텔레파시로 간단한 의사소통을 할 수도 있다고 믿고 있는 실정이다.

최근에는 서양 과학에서도 이런 사실을 이해하기 시작했는데, 아인슈타인(Einstein)의 유명한 공식 $e=mc^2$에서 알 수 있듯이 에너지와 질량은 서로 호환된다고 볼 수 있으며, 최근에 과학자들은 아인슈타인의 상대성이론(相對性理論)에 의거하여 개인의 건강을 추정하기 시작했다고 한다. 그러나 무엇보다도 가장 획기적인 것은 영국 케임브리지 대학의 물리학자 스티븐 호킹(Stephen Hawking) 박사의 '블랙홀 이론'이다. 이 이론에 따르면, 우리가 경험하는 세상은 우리와 다른 거대한 에너지의 영역 사이를 가르는 얇은 막 위에 놓여 있는데, 유감스럽게도 우리들은 제한된 인식능력(認識能力) 때문에 3차원적 식별력(識別力) 바로 아래에 존재하는 이와 같은 독특한 영역(領域)을 보지 못한다고, 전해지고 있다.

이와 같은 잠재적 에너지와 긍정적인 에너지는 우리 종친들의 삶에 원동력이 될 수 있다는 믿음을 갖고, 삶을 영위함으로써 우리는 더욱 활기찬 생활을 해 나갈 수 있게 될 것으로 생각한다. 그러므로 우리 종친들은 매사에 용기(勇氣)와 자신감(自信感)을 갖고 삶의 대처해 나갈 수 있을 뿐만 아니라 가장 정열적으로 자아(自我)를 되찾게 될 수 있을 것이다.

결국 우리 종친회의 종원들과 종친들의 긍정적인 마인드는 우리들 자신의 직관(直觀)과 마음이 행동의 지표(指標)가 될 수 있고, 더욱이 사랑하는 사람은 더욱 소중해지며, 붉게 물드는 저녁노을에 경탄하게 되고, 밤하늘의 수많은 별들과 밤이면 만발하는 재스민 향기의 감미로움에 황홀감을 느끼게 되는 아름다운 감수성을 갖게 될 수 있을 것으로 생각한다.

3. 한국의 장수기원(長壽祈願) 전통과
현대인의 건강 장수 비결(祕訣) (상)

　전국의 500만 박씨 종친들도 주지하듯이 우리 인간의 원초적인
욕망 중에서 가장 기본적인 것은 무엇보다도 오래 살기를 열망(熱
望)하여 누구나 장수(長壽)하기 위해서 온갖 노력을 경주하는 것이
상례라고 해도 과언이 아닐 것이다.

　즉, 모든 인간은 더욱 오래 살기를 바라고, 특히 건강하게 오래
살면서 무병장수(無病長壽)해 천수(天壽)를 누리려는 소망(所望)을 갖
고 있다고 생각된다. 그리고 현실적인 삶을 영위하면서도 나 자신과
가족 친지 및 함께 살아가는 건전한 사회인으로서 이웃들과의 인
간적인 유대를 강화해 나갈 수 있도록 기본적인 예의범절을 지켜나
갈 때 요청되는 윤리, 도덕성을 준수해야 할 것이 요구됨으로 필자
는 본보를 통해 금후 3회에 걸쳐 우리의 장수기원 전통을 고구해보
고, 현대인의 건강과 장수의 비결 등을 종친들과 함께 성찰해 본다.

　전통적으로 우리나라는 예전부터 십장생(十長生)으로 장생불사(長
生不死)한다는 해, 산, 물, 돌, 구름, 솔, 불로초, 거북, 학, 사슴 등
열 가지를 오래 살기를 기원하면서 상징적으로 자수(刺繡)를 놓거나
그림을 그리기를 즐겨왔다. 이는 곧 장수의 상징적인 형상으로서 십
장생이 자주 등장하게 되어 만수무강(萬壽無疆)을 바라면서 기원했

다고 볼 수 있을 것이다. 그렇다면 얼마를 살면 장수라고 할 수 있을 것인가? 비록 요절(夭折)을 했다고 하더라도 보람 있게 살았다면 결코 단명(短命)이라고만 할 수 없을 것이다.

자신의 삶이 남을 위하고, 국가를 위해서 보람있게 살았다면 이는 결코 짧은 삶이라고 할 수 없을 것이다. 그래서 내가 살아온 내 인생에 대하여 삶이 길고 짧음을 정하기란 쉽지 않은 법이다. 자신의 목숨을 초개(草芥)와 같이 버리고 순국(殉國)한 애국자(愛國者)는 짧은 삶이라 할지라도 결코 짧은 인생을 살았다고만 하지 않는다.

또한, 생명의 장단(長短)은 각자의 삶의 의미와 보람으로 정해질 수밖에 없으므로 장수를 위해서는 무엇보다도 자신의 건강관리가 계속 이어져야 하며, 삶에 대한 보람을 갖고, 스스로 만족해하면서 분수(分數)에 맞는 삶을 위해서 살아가는 노력을 아끼지 말아야 할 것이다. 왜냐하면 장수는 단순히 수명의 연장(延長)이 아니라 높은 삶의 질을 영위(營爲)하여 성공적(成功的)으로 사는 것을 의미하기 때문이다.

최근 우리나라의 통계청에서 발표한 바에 따르면 오늘날 우리 국민들의 평균 수명이 남녀 공히 거의 80세에 이를 정도로 수명이 연장되어 장수를 누리게 되었다고 한다. 또한, 우리나라가 근간에 이르러 저출산(低出産) 고령화 사회(高齡化 社會)로 급진전해 가게 되어 노인복지와 노인문제가 국가정책으로 대두하게 되었다고 하며, 더욱이 65세 이상의 노령인구가 총인구의 약 11%인 약 550만 명(2016년 현재, 통계청 발표)에 이른다고 한다.

이미 잘 알려진 데로 지난 2000년도에 노령인구 비율이 약 7.2%에 달하면서 고령사회로 들어선 데 이어서 2018년에는 약 14.8%로 고령화 사회, 2026년에는 약 20.8%로 초 고령화 사회로 진입하게 될 전망이라고 한다.

우리나라의 이와 같은 노령인구의 급속한 진전은 국가적인 부담으로 치닫게 될 지 모르는 일이기도 하다. 고령화 사회의 진전에 따라 그동안 우리사회의 발전을 이끌어 온 당사자들인 어르신들이 축복받지 못하고 오늘날 저출산 등으로 사회적인 부담이 되고, 저소득 어르신들의 복지대책과 의료비 등으로 큰 부담이 되고 있다는 현실이 매우 안타깝기만 하다.

그러므로 앞으로 우리 사회의 낭변과제는 어르신늘이 보다 건강해져 행복하고, 가정이 화목하게 되며, 국가의 의료비 부담이 다소라도 경감될 수 있도록 관련된 정책이 수립됨과 함께 우리 종친어르신은 자신의 건강을 위한 노력을 아끼지 말아야 할 것이다.

현재 우리나라에서도 100세 이상의 어르신들이 상당수에 이르고 있다는 통계가 있는데, 이와 같은 현상을 감안해 볼 때 아마도 멀지않은 장래에는 120세에 육박하는 초고령의 어르신들도 많아질 것이라는 전망도 가능할 것이라고 믿어진다.

한편, 우리나라의 이러한 인구의 고령화 추세는 우리 경제의 여러 부문에 영향을 주고 있는 것으로 밝혀지고 있는데, 이러한 현상은 산업(産業)과 기업(企業)도 사람과 함께 늙어가게 되면서 인구의 고령화는 경제의 혁신(革新)과 역량(力量)에 부정적인 영향을 주게 됨으로써 최근 우리나라의 저성장(低成長) 기조가 인구의 급속한 고령화와 관계가 있지 않을까 하는 우려를 낳고 있다는 것이 경제 전문가들의 견해이기도 하다. 그러나 전통적으로 우리나라에서는 건강을 도모하는 것을 매우 중요시해오면서 몸이 건강하고, 마음이 편해야 한다는 뜻으로 강녕(康寧)을 추구해오면서 행복(幸福)하게 장수하는 것을 중요시 해왔다고 볼 수 있다. 다시 말하면 강녕(康寧)은 몸이 건강하고, 마음이 편안함을 말하는데 '건강한 신체에 건강한 정신이 깃든다'는 말을 우리들은 현실적으로 실감하게 될 수 있을 것이다.

우리나라에서는 전통적으로 장수(長壽)를 기원(祈願)하는 의미로서 십장생(十長生: 해, 산, 물, 돌, 구름, 소나무, 불로초, 거북, 학, 사슴)을 장생불사(長生不死)의 상징대상으로 여겨왔던 바, 이는 장수의 형상으로서 우리들의 만수무강(萬壽無疆)을 기원해 왔다고 볼 수 있을 것이다. 그러나 생명(生命)의 장단(長短)은 각자의 삶의 의미와 보람으로 정해질 수밖에 없으므로 장수를 위해서는 우선 자신의 건강관리(健康管理)가 중요하며, 보람된 삶과 분수에 맞는 삶을 위한 노력이 경주돼야 할 것으로 판단된다.

한국의 장수기원(長壽祈願) 전통과
현대인의 건강 장수 비결(秘決) (중)

　우리나라 사람들은 유사 이래로 한반도에서 단일민족(單一民族)으로 살아오면서 수복강녕(壽福康寧)으로 장수하면서 복을 누리며 몸이 튼튼하고 편안함을 추구해왔으며, 이와 같이 건강을 염원하는 노력들이 예전부터 선인들도 강녕을 중요해 왔던 것으로 생각된다.

　즉, 목욕재계(沐浴齋戒)하고 천신(天神)과 산신(山神) 그리고 사당(祠堂)에 고사(告祀)를 지내면서 강녕하기를 빌었던 것이다. 그런가 하면 생활도구나 생필품에도 수복강녕을 이루기를 기원하기도 했다. 그러나 오늘날의 강녕은 곧 건강함을 말해준다. 건강을 위해서 일상에서 신선한 채소와 균형식과 과음·과식을 피하고, 흡연과 과음을 금하는 것은 기본이요, 적절한 운동을 계속하며 알맞은 근로활동이 이어지고 안정되고 위생적인 생활을 영위함으로써 건강이 유지되기 때문에 건강을 위한 노력을 지속해야 할 것이다. 따라서 정기적인 건강진료를 통해서 건강을 확인하고, 사전 진료를 받도록 해 자기관리에 노력해야 한다. 동서양을 막론하고 사람들이 바라는 소망 중에서 가장 중요한 바람을 표현한 말을 요약해보면 '건강을 잃은 사람이나 가정에서는 웃음을 잃게 되고 가정의 화목마저 잃게 된다'는 것을 우리 종친들은 유의해야 할 것이다.

　특히 고대 중국을 비롯한 동양사회에서도 예전부터 전해 내려오는 건강의 중요성에 관한 말인 '건강실이실지전야(健康失而失之全也: 명예를 잃으면 크게 잃는 것이고, 재물을 잃으면 조금 잃으며 건강을 잃으면 전부 잃는 것)'이라는 사실을 각별히 유념해야 한다.

우리 종친들은 평소 자신의 건강유지를 충실하게 이행하기 위해서 자기 자신의 건강관리를 무엇보다도 우선해서 이행할 수 있도록 노력해야 할 것이다.

여기서 건강관리에 적극 참고할 수 있는 '건강수칙'(한국건강관리협회 제정) 16가지를 살펴보면 다음과 같다. (1)소육다채(少肉多菜: 고기를 적게 먹고 야채를 많이 먹을 것) (2)소미다맥(少米多麥: 쌀을 적게 먹고 보리는 많이 먹을 것) (3)소당다과(少糖多果: 당분은 적게 먹고 과일을 많이 먹을 것) (4)소음다설(少飮多泄: 청량음료는 적게 먹고 적절히 배설할 것) (5)소노다소(少怒多笑: 노여움은 적게 하고 많이 웃을 것) (6)소식다작(少食多嚼: 음식을 적게 먹고 많이 씹을 것) (7)소우다면(少憂多眠: 걱정을 적게 하고, 잠을 편안히 잘 것) (8)소번다망(少煩多忘: 근심을 적게 하고 마음을 편안히 가질 것) (9)소의다욕(少衣多浴: 옷을 적게 입고 목욕을 자주할 것) (10)소언다행(少言多行: 말은 적게 하고 실천을 잘 할 것) (11)소욕다시(少慾多施: 욕심을 적게 갖고, 남에게 많이 베풀 것) (12)소휴다로(少休多勞: 적게 쉬고 일을 많이 할 것) (13)소함다초(少鹹多醋: 짠 것은 적게먹고 신 것은 많이 먹을 것) (14)소연다동(少煙多動: 난방은 적게 하고 많이 움직일 것) (15)소차다보(少車多步: 차를 적게 타고 많이 걸을 것) (16)소뉴다접(少忸多接: 익은 것은 적게 먹고 싱싱한 것을 많이 먹을 것) 등을 우리들이 삶을 영위하는 과정에서 적극 실천함으로써 건강한 인생을 살아갈 수 있게 될 것이다. 그러므로 건강을 유지하면서 장수를 하기 위해서는 반드시 위와 같은 건강수칙의 실천에 적극 노력하면서 자신의 건강관리에 힘써야 할 것이다. 일반적으로 우리 인간은 태어난 이후 누구나 생로병사(生老病死)의 순명(順命)으로 인생을 마감하게 된다. 한편, 대체로 또 다른 말로는 종천명(終天命)으로서 자신의 명대로 살다가 죽음을 맞이하는 것을 말하는데 사람이 살다보면 불의의 사고로 인재(人災)나 천재(天災) 등으로 자신의 명대로 살다가 죽지 못하는 경우를 종종 보게 되기도 하지만, 사람이 살만큼 살다가 마음 비우고 죽음에 대한 두려움 없이 생명을 다하고, 인생을 마무리 할 수 있다면 이러한 경우가 바로 종천명이라고 하는 것이다.

그런데, 자신의 몸을 죽어가면서 위기상황(危機狀況)에서 인명을 구하고 자기희생(自己犧牲)을 하는 살신성인(殺身成仁)이야 밀로 만인(萬人)의 존앙(尊仰)을 받게 된다. 또한, 하고 싶은 일, 할 일을 다 하고 인생을 마감하는 사람이 그리 많지 않다고 한다.

못다 한 일, 해야 할 일을 남겨 놓고 죽기란 아쉬움이 크지만 사무여한(死無餘恨)으로 죽으면서 아무 한이 없이 사이가명(死而可暝)하는 경우가 있는데, 이 말은 이것저것을 잊고, 안심하고 죽게 된다는 희생적인 죽음을 뜻한다. 다른 한편으로는 인명(人命)은 재천(在天)이라는 말이 있듯이 사람의 수명은 하늘이 이미 정해 놓은 바로써 이는 인력으로는 좌우할 도리가 없다는 것을 우리 종친들도 잘 알고 있을 것이다.

오늘날 인간의 수명이 늘어나면서 우리 국민들의 평균수명도 점차 늘어나 고령화 사회(高齡化 社會)로 돌입해 국가 사회의 큰 부담으로 작용하는 현실을 어떻게 현명하게 극복해 나가야 할 것인가는 우리 모두의 몫으로 남아있다고 볼 수 있다.

역사적으로 볼 때 흔히 세계의 중심이라고 자칭하는 중국의 경우 천하를 통일했다는 고대 중국 진나라 때의 진시황(秦始皇)이나 삼천 갑자 동방삭(東方朔)이도 영생을 누리지 못하고 각각 하늘이 정해준 천수(天壽)를 누리다가 생을 마감하지 않았는가?

인생자고수무사(人生自古誰無死)라고 하여 인생은 누구나 살다가 죽게 된다는 말이며, 그래서 미지생언지사(未知生焉知死)라고 하여 죽음이나 삶을 재대로 알지 못하고 살아가는 존재가 바로 우리 인간이라고 하겠다.

따라서 동서양을 막론하고 사람들이 바라는 소망(所望)중 가장 중요한 것은 건강(健康)으로서 '건강을 잃은 사람이나 가정에서는 웃음을 잃게 되고, 가정의 화목마저 잃게 된다'는 것이며, 고대 중국을 비롯한 동양사회에서 전해 내려오는 건강의 중요성을 강조한 말 중에는 '건강실이실지전야(健康失而失之全也: 명예를 잃으면 크게 잃고, 재물을 잃으면 조금 잃으며, 건강을 잃으면 전부를 잃는 것)'라는 것을 우리 종친들은 유념하고, 몸과 마음의 건강을 잘 유지할 수 있도록 적극 노력해야 할 것이라고 믿어진다.

한국의 장수기원(長壽祈願) 전통과
현대인의 건강 장수 비결(秘決) (하)

우리 동양사회에서 볼 때 장구한 역사와 문화를 융성(隆盛)시켜왔던 고대 중국의 경우 송(宋)나라 때 학자인 주신중(朱新仲)은 인생5계론(人生五計論)을 설파했는데, 이는 사람이 이 세상에 태어나서 어느 정도 규모 있고, 보람 있게 살려면 반드시 다음과 같은 오계를 준비해야 한다고 강조했다. 그가 주장하는 인생오계는 첫째, 생계(生計)로서 의식주(衣食住)에 어려움 없이 살 궁리(窮理)이고, 둘째, 신계(身計)로서 건강(健康)하고 행복(幸福)하게 무병장수(無病長壽)할 궁리이며, 셋째, 노계(老計)로서 노후에 흐트러짐 없이 눈치 보지 않고 당당하게 살다가 안락정토(安樂淨土)에서 나름대로 살아가는 궁리이고, 넷째, 가계(家計)로서 가문(家門)을 빛내고 상문숭조(尙門崇祖)를 하기 위한 궁리, 다섯째, 사계(死計)로서 품위(品位)있고 깨끗하게 유종지미(有終之美)를 거두고 인생을 마무리 할 궁리를 하라고 후세인(後世人)에게 일러주었는데, 그 의미가 매우 크다고 하겠다.

한편, 서양의 경우 그리스 로마시대의 고대 로마시대 철학자 키케로(Marus T. Cicero, BC 106~43)는 장수하려면 인생을 유유(悠悠)히 살아가라고 권고한 바 있다.

왜냐하면 인생은 100m의 단거리 경주가 아닐 뿐만 아니라 적어도 70~80년 이상이라는 오랜 기간 동안을 살아가야 하는 긴 마라

톤 경기와 같은 것이다. 따라서 인생행로(人生行路)에는 높은 산도 있고, 험한 골짜기도 있으며, 행복한 순경(順境)의 날도 있고 역경(逆境)의 날도 있기 때문이다. 그러므로 순경의 날엔 너무 교만하지 말아야 하고 역경의 날엔 너무 낙심하지 말아야 할 것이다. 즉, 득의(得意)의 날도 있고 실의(失意)의 날도 있는 것이다.

또한, 남들이 나보다 앞섰다고 너무 조급해 할 것도 아니오 내가 남보다 앞섰다고 너무 자만(自慢)해서도 안 될 것이다.

누구에게나 인생의 좋은 기회(機會)는 일생동안 반드시 한두 번은 찾아오는 법인데, 다만, 현실 생활을 원활하게 잘 이끌어나갈 생활능력(生活能力)이나 자신이 잘 할 수 있는 전공 분야의 실력배양(實力培養) 및 실력준비가 없는 사람은 성공할 수 있는 기회가 찾아와도 그것을 이룰 수 없고 포착하지 못하는 경우가 있다는 것을 명심하고 평소에 준비를 게을리 하지 말아야 하고, 특히 자신만의 내공(內攻)을 철저히 쌓아야 함이 매우 중요하다고 할 것이다.

그러므로 우리 종친들은 너무 성급해하지 말아야 하며, 너무 비관해서도 안 되고, 너무 낙관해서도 안 된다고 하겠다. 더욱이 건강, 장수하려면 자신의 인생을 유유히 살아가야 할 것이다. 백 리 길을 가는 자는 결코 달리지 않으며, 천천히 그러나 쉬지 않고 꾸준히 걸어야 하는 법인 것이다. 그러면서 독선(獨善)과 아집(我執)의 노예가 되지 않아야 한다.

대자연의 의연함을 생각해 볼 때 저 푸른 하늘을 유유히 흘러가는 흰 구름을 보면 한 치의 거리끼는 데가 없고, 조급한 데가 없지 않은가?

따라서 우리 종친들이 건강하게 천명(天命)을 다하고, 장수(長壽)하기 위해서는 먼저 평소 삶을 영위하는 동안에 다음과 같은 '건강장수 10계명'을 잘 지켜나가도록 꾸준한 노력과 실천이 요구된다고 생각한다.

첫째, 자연식품은 골고루 먹되 짜게 먹지 않는다.

둘째, 신선한 채소와 김, 미역, 다시마 등 해조류를 많이 먹는다.

셋째, 동서양을 막론하고 사람들이 즐겨먹는 천혜의 종합식품인 우유를 매일 마신다.

넷째, 매일 규칙적인 운동과 충분한 잠(숙면)을 7~8시간 정도씩 자도록 한다.

다섯째, 나이에 맞는 체중과 체형을 유지해야 한다.

여섯째, 몸과 마음의 건강을 해칠 수 있는 흡연과 음주의 과음 습관을 버려야 한다.

일곱째, 항상 즐거운 마음으로 긍정적인 생활태도를 가져야 한다.

여덟째, 비과학적인 민간 조제약이나 보조식품 등을 과잉섭취하지 말아야 한다.

아홉째, 자기만의 일을 찾아 집중해서 열심히 일하며 살아가야 한다.

열째, 정기적인 종합 건강진단을 주기적으로 받아야 한다.

그리고 끝으로 건강하게 장수하는데 있어서는 꾸준하고, 활발한 두뇌활동(頭腦活動)과 규칙적으로 가볍고, 무리하지 않는 다리운동을 병행해서 실행해 나가는 생활태도가 매우 중요하다고 판단된다. 따라서 건강하게 장수하기 위해서는 마음이 편안하고 행복감을 느끼면서 삶을 영위하는 것이 중요하다고 하겠다.

또한, 동양적인 인간학인 『채근담(菜根譚)』(중국 명나라때 홍자성의 어록에서 제시하는 세 가지 인정)에서 제시하는 인정(人情)인 덕업상권(德業相勸)으로 덕을 베푸는 일을 서로 권하며, 환난상휼(患難相恤)로 근심과 재난을 당하면 서로 구제해주며, 선린상조(善隣相助)로 이웃과 원만히 지내기 위해 서로 돕는 관계가 유지될 수 있도록 우리 종친들은 모두가 힘써야 사회가 안정(安定)되어 복지국가(福祉國家)로 발전하게 될 것이라고 판단된다.

우리 종친들도 이미 주지하는 바와 같이 우리들의 인생행로(人生行路)는 일직선(一直線)이 아니기 때문에 굽은 길은 돌아가야 하고, 쉬어가야 할 때는 쉬어가고, 달려가야 할 때는 달려야 할 것인 바, 주어진 일에 최선(最善)을 다하면서 유유히 살아간다면 우리들은 장수(長壽)할 수 있고, 성공(成功)하는 인생을 향유할 것이다. 특히 건강(健康)과 환경(環境)을 해치지 않으면서 미래지향적으로 장수하는 생활태도인 '로하스(LOHAS: Lifestyle of Health and Sustainability)' 활동을 지속해 나가는 생활을 견지(堅持)해 나가야 할 것이다.

4. 촛불 든 손 미래 밝히는 지혜(知慧)를,
태극기 든 손 화합(和合)을 (상)

희망찬 2017년 정유년(丁酉年), 붉은 닭의 해가 밝았다. (사)신라오릉보존회(박씨대종친회)의 종원들과 전국의 500만 박씨 종친들도 주지하듯이 올해는 본회가 창설(1957년 정유년)된지 환갑(만 60년)이 되는 뜻깊은 해이기도 하다. 최근 소위 '최순실 게이트' 관련 집회, 시위 등에서 박근혜 대통령을 풍자, 조롱하는 용도로 이용되기도 한 닭, 일부 국민들이 시위 현장에서 무분별하게 등장시킴으로써 당하게 된 닭의 억울함이 미처 가시기도 전에 무서운 속도로 진염된 조류 인플루엔사(AI) 확산 사태 등으로 전국의 닭들이 수난을 당하고 있음은 물론, 많은 국민들의 현실 생활과 의식에 긍정적인 면보다는 탐탁지 않은 현상을 초래한 우울한 연말연시를 맞이하고 있다는 것이 솔직한 분위기이다.

일반적으로 서로 상충되는 가치처럼 느껴질지 모르지만 흔히 사람들은 건강한 몸을 유지하기 위해 단백질, 지방, 탄수화물 등을 균형 있게 섭취해야 하듯이 건전한 마음을 유지하기 위해서도 이들이 조화롭고 균형 있게 섭취되어야 가능하다고 생각한다. 특히, 어느 경우가 진실이고 정의인지는 분명치 않으나 '아는 것이 힘이다'와 '모르는 것이 약이다'라는 말은 서로 모순(矛盾)된 개념들이지만 우리가 이들을 받아들이면서 비로소 성인이 되는 것처럼, 한동안 본분(本分)을 망각하고, 스스로를 확신(確信)하지 못한 채 남의 판단에 휘둘려 일부 국정(國政)을 농단 당한 우리의 지도자, 한때 정신적 트라우마(Trauma)를 겪어 왔을 것으로 짐작되는 지도자에게 간교하게 접근해 친분을 쌓은 후 사리사욕을 챙기는데 광분했던 모리배(謀利輩) 최순실과 탐욕스런 일부 공직자 때문에 근간에 많은 국민들에게 당혹감과 불편한 심정(心情)을 갖게 한 상태로 연말과 새해를 맞게 하고 있는 바, 이들의 추락은 아이러니(Irony)하게도 국민들에게 '건전한 정신'과 '바른 인성(人性)'의 참뜻을 새삼 깨닫게 해주었다는 역설적인 효과를 낳았다고 생각한다.

그러므로 필자는 근간에 많은 국민들에게 당혹감을 주면서 회자(膾炙)되고 있는 최순실 게이트와 관련된 촛불시위와 맞불 시위인 태극기를 든 시위 현상에 대한 보수적(保守的)인 견해와 일부 진보적(進步的)인 견해 등을 향후 3회에 걸쳐 종친들과 함께 성찰해 본다.

우렁차게 새 시대를 역어나가야 할 정유년인 올해를 붉은 닭의 해로 부르는 이유는 십간(十干) 중 하나인 정(丁)이 오행사상(五行思想)에서 붉은 색을 뜻하기 때문이며, 십이지(十二支) 중 하나인 유(酉)가 바로 닭을 뜻하기 때문이다. 그리고 닭은 여명(黎明)을 알리는 상서로운 동물로서 위대한 지도자의 등장이나 새로운 시대의 탄생으로 해석되기도 한다.

또한, 예로부터 닭은 유교(儒敎)에서 오덕(五德: 仁義禮智信)을 고루 갖춘 동물이라고 칭송받아왔다고 한다. 즉, 닭은 '먹을 것을 보면 서로 나눠먹으니 인(仁)이요, 싸움에서 물러나지 않으니 의(義), 의관을 단정히 하는 것은 예(禮)이고, 항상 경계해서 지켜내니 지(智)가 있으며, 어김없이 때를 알려주니 신(信)을 가졌다'라는 것이다.

우리가 일상생활을 하는 과정에서 특히 혼례 시 시댁에 폐백용 닭을 올리거나 백년손님이라고 하는 사위에게 씨암탉을 잡아주는 관습도 자손번성과 관련이 있으며 풍수지리에서도 암탉이 알을 품고 있는 형상인 '금계포란(金鷄抱卵)' 형은 명당 중의 명당으로 꼽힌다고 한다. 이곳에 집터나 묫자리를 쓰면 귀한 자식을 얻고 자손이 번성한다는 것이다.

한편 닭을 상서롭고 신비한 동물로 보는 시선은 동서고금 어디에서나 찾아볼 수 있다. 고대 그리스에서는 닭을 악마를 물리치는 수호신으로 여겼고, 로마의 집정관은 닭이 먹이 믹는 모습을 보고 로마에 닥쳐올 행복과 불행을 점쳤다. 프랑스 대혁명 이후 프랑스는 수탉을 정의·용기·평등의 상징으로 삼았고, 아프리카 일부 부족은 흰 수탉을 지팡이 위에 얹어 권위를 과시하는 풍속을 지니기도 했다. 정유년, 닭의 해다. 우울한 연말을 보내고 새롭게 일 년을 시작하는 닭의 울음소리가 좋은 일들을 불러오고, 별 탈 없이 무고 한 해로 귀결될지는 결국 우리들의 몫이라고 믿어진다.

최근 온 국민들을 당혹스럽게 하는 초미의 관심사는 '최순실 게이트'라는 데 대해서 이의를 제기할 사람은 없을 것이다. 이에 따른 '촛불 시위'가 벌써 병신년(丙申年) 한 해를 지나 정유년(丁酉年) 새해에 접어든 지금까지 거의 석 달째 주말마다 서울 광화문 광장을 메우고 있고, 요즈음에는 지방으로 까지 확산되었다고 각 언론을 통해서 보도되고 있다.

　광장에 나온 다수의 힘에 밀려 언론은 촛불집회에 참여한 숫자를 경쟁적으로 늘려나가고 있는 것 또한 현실이다. 그리고 촛불시위에 등장하는 구호는 '탄핵' 그리고 '하야'인데, 언론들도 촛불 시위에 맞춰서 춤을 추는 양상을 보여주고 있다. 즉, 스스로 물러나서 국정혼란을 줄이는 것이 박근혜(朴槿惠) 대통령이 할 수 있는 마지막 애국이라는 조언이 넘쳐나고 있다. 그렇게 하면 전직 대통령 예우(禮遇)는 누릴 수 있다는 해설도 곁들여서이다.

　그러나 문제는 1997년 외환위기의 IMF 사태 이후 잃어버린 10년을 주도했던 소위 좌파정권(左派政權)의 리더들 가족이나 측근들의 비리는 문제 삼을 필요가 없고 오늘날의 박근혜 대통령 측근의 비리는 문제 삼아야 한다고? 돌이켜보면 군사정권 이후 과거에도 여러 차례 진실(眞實)을 왜곡해 가면서 선동적(煽動的)으로 촛불 시위를 주도해서 반사이익(反射利益)을 본 일부 집단이 있었지만, 이번의 경우에도 촛불 시위의 등장구조가 정치적으로 매우 편향돼 있는 듯 해 보이는 것이 사실이며, 이는 매우 안타까운 현실이라고 판단된다.

촛불 든 손 미래 밝히는 지혜(知慧)를,
태극기 든 손 화합(和合)을 (중)

전국의 500만 박씨 종친들도 잘 알고 있듯이 지난해 하반기 이후 올해 초까지 소위 메이저 언론들의 보도에 의하면 최근까지 '촛불 민심이 우리나라 전체 국민들의 민심을 대변하는 것은 아니다'라는 사실과 촛불 시위, 탄핵을 주장하는 진보적 민심과 이를 반대한다는 보수적 민심을 비교하면 서로 거의 오십보백보라는 분석이라고 주장하고 있는 실정으로서 이는 객관성 있고, 보수적 민심과 진보적 민심의 국민들은 서로 비슷하다는 추측, 분석을 하고 있는 바, 이는 설득력(說得力)있는 분석이라고 보도하고 있음을 알 수 있다.

따라서 전체 국민의 여론이 반드시 촛불 민심과 동일하다고 볼 수만은 없는 것으로 생각된다. 지난해 말경 이후 엄청난 규모의 소위 우파 국민들은 서울 광화문 광장부터 대학로까지 행진하면서 촛불 대신 태극기를 흔들며 박근혜 대통령의 탄핵 반대, 하야 반대의 구호를 외쳤다. 그리고 탄핵 반대서명을 받은 인터넷 사이트는 불과 이틀 만에 40만 명을 넘음으로써, 헌법재판소의 대통령 탄핵을 압박하기 위해 촛불 주동세력들이 개설한 것으로 추측되는 '치어업 헌재' 사이트는 찬성과 반대가 엇비슷하게 나오자 더 이상 기대할 것이 없다는 듯 이 사이트의 문을 닫아버렸다고 한다.

이러한 현상은 우리나라 전체 국민들의 기본적인 민심이 진보적인 촛불 민심과는 다르다는 증거(證據)라고 볼 수 있을 것이다.

우리 종친들도 잘 알고 있듯이 지난해 하반기에 박근혜 대통령에 대한 탄핵소추가 국회에서 재적의원 78%의 찬성으로 가결되었으나, 이러한 국회의 탄핵소추는 동시에 많은 불확실성을 내포한 새로운 출발점이기도 하다. 먼저, 국회의 탄핵청구가 헌법재판소에서 인용될지 또는 기각될지에 대한 불확실성이 있다고 본다. 헌재의 판결시점 또한 불확실하다.

이러한 불확실성을 줄이기 위해서라도 헌재는 조속히 판결일이라도 공표해야 할 것이다. 그러나 탄핵소추라는 새로운 출발의 성패는 결국 정치권에 달렸다고 생각한다.

'최순실 게이트'에 대한 국민들의 분노와 좌절은 새로운 사회에 대한 열망이기도 한데, 변화를 바라는 국민들은 정경유착과 재벌 중심의 낡은 체재의 틀을 바꾸라는 소위 '명예혁명'의 완성을 원하고 있는 듯한 것으로 느껴진다. 따라서 국민이 바라는 새로운 사회를 어떤 그릇에 담아낼 것인지, 또한 구체적으로 어떻게 실천할 수 있을 것인지 등을 대권(大權)을 꿈꾸는 정치인들과 정당들은 분명히 국민 앞에 제시해야만 할 것이다.

그리고 우리 사회에서는 앞으로 특정 인물이 아니라 가치와 비전을 중심으로 한국 정당들이 거듭나야 한다. 가치와 비전을 같이 하는 정치인들이 한 지붕 아래 모여서 구체적 실천 방안인 정책으로서 후보 선출 과정에서 경쟁해야 한다. 특히 탄핵과 촛불 민심을 악용한 소모적 정치 논쟁이 정책 대선을 집어삼킨다면, 그런 정치권 역시 결국 국민에게 '탄핵'당할 것임을 명심해야 한다. 따라서 국민에게 희망(希望)과 신뢰(信賴)를 주는 구체적·포괄적 정책을 제시하는 후보자가 새 대통령으로 선출되고, 새 대통령과 국회가 이런 정책을 실천해야만, 촛불 시위를 통한 사회의 변화와 개혁은 완성되는 것이라고 생각된다.

한편, 요즈음 보수의 아이콘이라는 박근혜 대통령과 집권당 측의 민낯을 목도하게 되면서 국민들 중 상당수가 스스로를 보수라는 자부심을 느끼고 살아왔던 사람들이 더욱 혼란스러워하는 것 같다. 진보라고 자처하는 일부 국민들도 자신의 정체성(正體性)에 대해 고민했던 때가 있었을 것이다. 그러므로 이번 기회에 본란을 통해서 진정한 의미의 보수(保守)와 진보(進步)의 정의와 지향점 그리고 가치관 등에 대해서 심도 있게 고구해 본다.

원론적 의미로 보자면 보수는 사회의 전통과 관습을 소중하게 생각하고 지켜나가는 태도, 진보는 새로운 세계로의 지평을 열고자하는 태도라고 할 수 있다. 그러나 옛것을 소중하게 생각해야 새로운 것이 가능하다는 온고이지신(溫故而知新)의 정신과 같이, 누적된 과거 경험에 대한 존중과 배움 없이 창조적 진보는 불가능한 것이다.

많은 사람들이 공자(孔子, BC 552~479)도 생전에는 진보적 가르침을 전파한 혁명적 인물이었다는 사실은 역사의 아이러니라고 할 수 있다.

우리나라의 경우 후세 사가들이 혁명적이라 평가하는 조선왕조 시대의 실학자(實學者)들도 그 당시 자신들은 주자학(朱子學)을 이어 받은 학자라고 내세웠던 것이다. '새로운 것을 받아들이지 않는 닫힌 보수, 과거를 부정하는 어설픈 진보'는 모두 타락한 도그마(dogma: 독단)일 뿐이라고 주장해왔던 것이다. 그러므로 우리나라는 전통적으로 보수와 진보에 대한 개념이 혼란스러운 것 또한 사실이이라고 판단된다.

한편, 역사적으로 볼 때 서구사회에서는 시장의 보이지 않는 손을 주장한 애덤 스미스(Adam Smith, AD 1723~1790)와 이기적인 인간들은 이익이 되어야 협동(協同)도 자선(慈善)도 한다는 홉스(Thomas Hobbs, AD 1588~1679)의 철학을 따르는 순수 시장경제 신봉자들은 사유재산과 개인의 자유를 절대적 가치로 지키려했던 것이다. 그러면서 동시에 그들은 평등한 기회, 복지와 분배의 주장은 공산주의 폭도나 철없는 이상주의자들의 궤변이라고 주장하기도 했다. 이는 군주국가에서 군왕이 주장하는 독선적인 말과 같이 '오로지 신이 일군 부와 지위는 그 누구도 훼손해서는 안 된다'라는 신념에서 나온 태도일 것이다.

이와는 반대로 부패한 사회구조(社會構造) 때문에 기회가 평등하게 주어지지 않고, 땀 흘리는 노력 없이 정의롭지 않은 자본(資本)과 부자 부모덕에 호의호식(好衣好食)하는 세상은 반드시 바꾸어야 한다는 이들이 바로 진보세력(進步勢力)이 된다고 할 수 있을 것이다.

촛불 든 손 미래 밝히는 지혜(知慧)를,
태극기 든 손 화합(和合)을 (하)

일반적인 관점에서 볼 때 보수와 진보, 어느 쪽이 우월하냐를 따져보기 이전에 우선 성찰해 봐야 할 것은 인간의 본성(本性), 특히 도덕(道德)과 욕망(慾望)에 대한 숙고이다.

20세기 이후 정신분석은 양심, 도덕, 이성을 무력하게 만드는 본능(本能), 무의식, 감정의 영역이 존재한다는 것을 강조해 왔지만 그보다 훨씬 전 영국의 경험주의 철학자 흄(David Hume, AD 1711~1776)은 이성이 감정에 좌우된다는 점, 그래서 이성이 꼭 선한 것을 지향하는 것이 아니라는 점을 일찌감치 간파한 바 있다. 관습과 전통이 사회의 유용한 안내자일 뿐, 사회가 인간본성(人間本性)을 근본적으로 변화시킬 수 없다고도 했다.

칼 융(Carl Gustav Jung, AD 1875~1961)같은 현대의 분석심리학자들은 개인뿐만 아니라 집단 심리의 양면성을 지적하면서 인간의 마음은 창조와 파괴 양쪽으로 역사를 끌고 갈 수 있기에 개인과 집단 무의식에 대해 인식하고, 분석하는 작업이 필요하다고 강조했다.

개개인의 의식화와 깨달음 없이 일부 엘리트가 만든 사회변화가 역사상 오랫동안 견고하게 유지되었던 적은 사실상 없었다고 파악된다. 대체로 많은 보수가 어차피 역사는 진보하지 않고 욕망의 노예인 인간은 경쟁이라도 해야 생존한다고 주장해왔다. 그래서 능력에 따라 분수껏 살아야 한다고 주장하기도 했던 것이다. 이러한 양상은 최근에 양극화를 가져온 미국의 신자유주의적 가치에 부합하는 태도이기도 하다. 반대로 타인에게 사랑과 배려를 지향하며 욕망을 조절할 수 있는 집단지성을 신뢰하는 진보는 높은 세금과 공평한 교육기회로 사회주의 체재와 유사한 북유럽 모델을 높이 사지만, 현실적으로 관망해볼 때 우리 경제가 그만큼 탄탄한지도 점검과 보강 노력은 부족한 것 같이 보여 진다.

돌이켜보면, 최근의 탄핵정국은 보수나 진보의 갈등에서 벌어지는 것이 아니라, 최고 권력자와 그 주변의 비정상적인 행태 때문에 비롯되었지만 이번 기회에 폭력적인 극좌나 극우, 냉소적 현실주의와 허황한 이상주의를 뛰어넘는 건강한 보수와 건강한 진보가 공존하는 성숙한 사회로 우리사회가 거듭 태어날 수 있게 되기를 바라는 마음이 간절하다.

앞에서 종친 가족들과 함께 살펴본 바와 같이 현재 박근혜 대통령의 탄핵소추안은 국회에서 가결되어 헌법재판소가 심리중이다. 우리 대한민국은 자유 민주주의 국가 정체성을 유지하고 있는 법치국가로서 오늘날 대한민국은 세계 정치의 장에 근대국가로 등장하면서, 한국은 지구적 세력 대결의 최전선에서 싸우면서 전후 세계 역사의 향방을 결정했으며 지금도 여전히 세계사적 의미를 갖는 자유와 야만의 투쟁 일선에 선 전초 국가이다. 어느 면에서 보면 한국의 운명은 한국만의 것이 아니라 인류의 그것이기도 하다. 특히 북한의 핵무기가 지역적인 문제로 그 의미가 한정되지 않는다는 것은 바로 그러한 사실을 말해 준다고 볼 수도 있다. 이와 같은 우리나라에서 지금 심각한 헌정 위기 상황이 야기 되고 있다.

즉, 제도권 밖의 대중적 정치시위가 근대 민주 체제의 핵심인 대의 정치를 압도하고 있다고 볼 수 있다. 현대사적으로 볼 때 과거에도 대중시위는 여러 차례 있어왔으나 그때에는 의사의 표현이 자유롭지 못했던 권위주의(權威主義) 체재에 대한 항변이었다. 그러나 이번에 그 성격이 전혀 다르다. 지금의 헌법은 개정될 당시 야당들의 주장이 거의 그대로 반영된 것이다. 그랬던 야당들의 맥을 이어오고 있는 현재의 야당들이 그들이 만들어낸 대통령에 대해 제왕적 권력 소지자라고 비판한 일이 있었던가. 그러다가 현 국회가 여소야대로 구성되면서, 대통령에 대해 제왕적이라고 공격을 퍼붓고 있으며, 그래서 헌법을 개정해야 한다고 먼저 들고 나서고 있는 실정이다.

그러나 제왕적이라고 불리던 박근혜 대통령은 그 이른바 '제왕적' 권력에도 불구하고 아무에게도 제왕적으로 권력행사를 하지 못했다. 말하자면 야당들은 엉뚱한 구실로 진짜 '제왕적' 권력을 하루라도 빨리 장악하고 싶었던 것이다. 그 때문에 야당은 의회가 가진 통치 기능을 거의 외면하고 촛불 집회와 같은 대중시위가 있으면 재빨리 거리로 뛰쳐나갔던 것이다. 이에 대해 여당은 어떠했는가. 역시 별반 차이가 없어보였다. 의회는 청치운동장이었다고 보인다. 누구도 문제를 다루려 하지 않고 대통령 프리미엄을 업고 다음 정권을 장악하려는 헤게모니 싸움만 벌여왔으며 그래서 우리 사회는 표류하게 된 것이라고 생각한다. 급기야는 최순실의 국정농단 사건이 터지면서 진보세력의 증오와 체계적으로 조직화된 촛불 시위가 대중시위로 폭발했다고 볼 수 있게 되었다.

최고 지도자의 도덕적 파탄을 증오하는 것처럼 일부 진보적인 대중들에게 있어서 신나는 일은 없을 것이다. 그러나 문제는 이러한 대중적 집단행동이 정치의 장에 있어서는 우발적 군중(Crowd) 양상을 보이지 않는다는 것이다. 그것은 사전에 계획되고 조직화된 대중(mass)의 양상으로 나타난다고 볼 수 있다. 그 대표적인 사례가 과거의 '광우병 파동' 때의 대규모 촛불 시위라고 할 수 있을 것이다. 그렇다면 이번의 경우에는 어느 세력이 촛불 시위의 대중을 이끌었을까 하는 의문이다. 대중의 분노를 어느 쪽으로 몰고 가려했는가에 대한 의구심이다. 아마도 대한민국의 정통성을 파괴하려는 세력이 작용했을 것이라는 의문을 불식시킬 수가 없다는 것이 분별 있는 보수적 국민들의 민심이라고 추측된다.

촛불 시위에 참가했던 일부 국민들은 이제 냉정을 되찾고, 국민화합(和合)과 대통합(大統合)에 동참해야 할 차례이다. '한바탕 태풍(颱風)이 지나가면 혼미했던 바닷속이 깨끗이 정화된다'고 한다. 현대사를 통해 볼 때 거친 소용돌이를 수없이 헤쳐 나온 우리 대한국호, 앞으로는 촛불을 들었던 일부 국민들은 미래를 밝힐 수 있는 지혜(知慧)를, 태극기를 들었던 국민들은 하합(和合)하면서 공존(共存) 공영(共榮)을 위해 모든 역량(役糧)을 발휘해 행복하고, 희망찬 대한민국(大韓民國)을 만들어나가야 할 것이라고 믿어진다.

5. '제4차 산업혁명' 대변혁의 본질(本質)과 우리의 대응(對應) 자세 (상)

21세기 중반기를 살아가고 있는 우리 현대인들은 지금 초(超)연결, 초(超)융합, 초(超)지능으로 대변되는 뉴로(Neuro)혁명 시대를 앞두고 전혀 예측 불가능한 미래(未來)와 직면하고 있다. 전국의 500만 우리 박씨 종친 가족들도 이미 주지하듯이 오늘날 알리바바(Alibaba), 에어비앤비(Airbnb), 우버(Uber) 등 세계적인 혁신기업(革新企業) 등은 모바일 인터넷(Mobile internet), 컴퓨터의 유비쿼터스(Ubiquitous), 인공지능(AI)과 기계학습(Machine Learning)을 통해 기존의 틀을 깨고, '새로운 가치(New Value)'를 세상에 내놓았다. 이와 같이 과학기술 영역의 경계를 넘나들며, 탄생한 새로운 파괴적 혁신(革新)은 세상을 급속도로 변화시키고 있으며, 바로 지금 우리들 앞에 세상을 격변시킬 대전환(大轉換)의 물결이 몰려오고 있다는 것이 엄연한 현실이라고 생각된다.

이러한 사실은 바로 우리나라는 물론 전 세계를 관통하는 새로운 화두(話頭), 즉 '제4차 산업혁명'이라는 새로운 시대의 미래는 우리들이 이를 어떻게 대비(對備)하고, 어떠한 자세로 맞이하며, 또한, 사회적, 경제적, 개인적으로 어떻게 대응(對應)하고, 역할을 할 것인가에 따라서 그 성패가 달려있지 않을까 믿어진다.

최근 기후변화, 자원부족 등 급속히 변화하는 세계 환경에서 와

해적인 기술혁신(技術革新)과 기술융합(技術融合)이 가져올 엄청난 변화가 발생하는 시대에는 막강한 힘을 가진 빅데이터(Big Data)를 소유하지 못한 사람들이 소외되는 양극화(兩極化) 현상이 더욱 심화될 것으로 생각된다. 따라서 이와 같은 현상을 가능한 한 완화시키고, 적극적으로 해결하기 위한 솔루션(Solution)에 대한 논의(論議)가 우선 필요하다고 판단된다.

그러나 제4차 산업혁명은 아직 초기 단계에 있는 것으로 파악되지만, 주요 기업과 사회에 가져올 파괴적 혁신(革新)과 속도(速度)를 고려해 봤을 때, 지금 우리는 그 흐름에 반드시 동참해야 할 것으로 생각된다. 그러므로 필자는 본란을 통해 이에 적절히 대응(對應)할 자세와 역할(役割) 등을 향후 3회에 걸쳐 고구해 보고자 한다.

먼저 제4차 산업혁명(The Fourth Industrial Revolution)을 명확하게 이해하는 것이 중요하므로 이에 대한 역사적 의미와 정의를 간략히 살펴본다. 우리 인류는 지금으로부터 약 1만 년 전, 수렵어로와 채집생활을 해오며 일정한 지역에 정착하면서 농경생활(農耕生活)이라는 첫 번째 큰 변화를 맞는다. 즉, 농업혁명(農業革命)은 생산, 운송, 의사소통을 목적으로 하는 인간과 가축의 노력이 맞물려 발생했다고 볼 수 있다.

이와 같은 농업혁명 이후, 18세기 중반부터 일련의 산업혁명(産業革命)이 발생했다고 볼 수 있다. 그리고 18세기부터 19세기 중반 경에 걸쳐 발생한 제1차 산업혁명은 결국, 철도 건설과 증기기관의 발명을 바탕으로 기계에 의한 생산을 이끌었던 것이다.

또한, 19세기 말에서 20세기 초까지 이어진 제2차 산업혁명은 전기와 생산 조립라인의 출현으로 대량생산(大量生産)을 가능하게 했으며, 1960년대에 시작된 제3차 산업혁명은 반도체(半導體)와 메인 프레임 컴퓨팅(Main Frame Computing), PC(Personal Computing), 인터넷(Internet, 1990년대) 등의 발달이 주도했던 것이다.

그래서 우리는 이를 '컴퓨터 혁명' 혹은 '디지털 혁명'이라고도 말한다. 이러한 세 가지의 산업혁명 과정을 살펴볼 때, 오늘날 우리들은 제4차 산업혁명의 출발시점에 처해 있다고 볼 수 있다. 사실 디지털 혁명을 기반으로 하는 제4차 산업혁명은 구체적으로는 유비쿼터스 모바일 인터넷(Ubiqutous & Mobile Internet)이 더욱 저렴하면서 더욱 작고, 강력해진 센서, 인공지능(AI)과 기계 학습 등이 바로 제4차 산업혁명의 일반적인 특징이라고 할 수도 있다. 한편, 제4차 산업혁명은 단순히 기기와 시스템을 연결하고 스마트화 하는데 그치지 않고 훨씬 넓은 범주까지 아우른다. 즉, 유전자 염기서열분석(Gene Sequencing)에서 나노기술, 재생가능에너지에서 퀀텀 컴퓨팅까지 다양한 분야에서 거대한 약진이 동시다발적으로 일어나고 있다.

이러한 모든 기술이 융합하여 물리학, 디지털, 생물학 분야가 상호교류 하는 제4차 산업혁명은 종전의 그 어떤 혁명과도 근본적으로 궤를 달리한다고 볼 수 있다.

과거의 산업혁명보다도 제4차 산업혁명에서 출현하는 신기술(新技術)과 광범위한 혁신(革新)은 더욱 빠르고 폭넓게 확산 중에 있다고 볼 수 있다. 그러나 기술 혁신의 수용 정도가 사회발전을 결정하는 주요 요인이라는 제1차 산업혁명의 교훈은 여전히 유효하다. 그러므로 정부 당국과 공공기관, 민간부문 모두 각자의 역할을 잘해 나가야 하지만 특히 국민들이 산업혁명을 통해 얻게 될 장기적인 혜택(惠澤)을 자각하는 것이 무엇보다 중요하다고 판단된다.

제4차 산업혁명은 앞선 세 번의 산업혁명과 마찬가지로 모든 면에서 강력하고 엄청난 영향력을 행사하며, 역사적으로 큰 의미를 지니게 될 것이다. 그러나 제4차 산업혁명이 보다 더 효과적이고 응집력 있게 실현되는 것을 가로막는 다음과 같은 두 가지 사안이 우려된다고 생각한다. 첫째, 제4차 산업혁명에 대응하기 위해 정치·경제·사회 체제를 재고해볼 필요성이 큰 데 반해, 전 분야에 걸쳐 요구되는 리더십의 수준과 현재 진행 중인 이 급격한 변화에 대한 이해력은 현저히 낮다는 점을 문제점으로 지적해볼 수 있을 것이다.

그 결과 국가적, 세계적으로 혁신의 전파를 관리하고 혼란을 완화시키는 데 필요한 제도적 체계가 부족하거나, 최악의 경우 아예 부재한다는 것이 현실이다. 둘째, 제4차 산업혁명이 제공한 기회(機會)와 도전(挑戰)의 기틀을 형성하고, 일관성을 갖춘, 긍정적이고 보편적인 다양하고 광범위한 개인과 집단의 논의(論議)가 아직은 부족한 것이 현실이라고 생각된다.

'제4차 산업혁명' 대변혁의 본질(本質)과
우리의 대응(對應) 자세 (중)

제4차 산업혁명의 가장 큰 특징인 물리학, 디지털, 생물학 분야의 기술결합(技術結合)은 자원의 활용과 효율을 크게 높일 수 있는 다양한 기회를 제공한다. 기존의 기업과 소비자 간에 전통적인 방식, 다시 말해 손쉽게 취할 수 있는 자원을 대량으로 사용해 수취-제조-처분(take-make-dispose) 하는 자원 활용 방식에서 벗어나, 자원(資源)과 에너지, 노동력(勞動力) 그리고 이제는 정보(情報)까지 효율적인 흐름을 통해 상호작용하며 복원 및 재생이 가능하고 생산성이 더욱 높아진 경제 시스템을 계획적으로 도모하는 새로운 산업 모델로 이동하는 것이 프로젝트 메인스트림(Project Main stream)의 핵심이다.

그런데 이를 실현하기 위해서는 다음과 같은 네 가지 방법을 고려해 볼 수 있을 것이다.

첫째, 사물인터넷과 스마트 자산 덕분에 자원과 에너지의 흐름을 추적할 수 있게 되었고, 이를 통해 가치사슬 전반에 걸쳐 새롭게 효율성을 높일 수 있게 되었다. 세계적인 자연환경 재생 전문회사인 시스코(Cisco)사에 따르면 앞으로 10년 간 사물인터넷을 통해 실현될 경제수익이 약 14조 4,000억 달러에 이를 전망이라고 한다. 이 가운데 약 2조 7,000억 달러 정도는 공급 체인과 물류 유통

과정을 개선하고 낭비를 없애 발생되는 수익이라고 한다. 그리고 사물인터넷의 활용으로 가능해진 솔루션을 통해 앞으로 2020년 온실가스 배출을 약 91억 톤 줄일 수 있게 되었다고 한다. 이는 2020년 온실가스 배출량 감축 목표인 16.5퍼센트에 해당되는 것으로 분석되고 있다.

둘째, 자산이 디지털로 전환되면서 가능해진 정보의 민주화와 투명성은 국민에게 기업과 국가에 책임을 물을 수 있는 권력을 준다. 블록체인과 같은 기술은 정보의 신뢰성을 높여줄 것이다. 예를 들면 위성에서 확보한 삼림 파괴에 대한 데이터를 안전한 포맷으로 저장, 인증하여 토지 소유자에게 보다 정확한 책임을 물을 수 있게 된다.

셋째로, 정보의 흐름과 투명성이 시민의 행동양식을 대대적으로 변화시킬 수 있다. 이는 지속가능한 순환 시스템을 위한 새로운 기업 및 사회 규범 내에서 가장 저항이 적은 방법이기 때문이다. 이는 대중적으로 확산시킬 수 있는 가장 쉬운 방법이기도 하다. 그간 경제학과 심리학의 생산적 융합의 산물로 인간이 세계를 인식하는 방식, 인간의 행동과 그것을 정당화하는 방식에 대한 설명과 이해가 상당히 깊어졌던 것이다.

그동안 일부 주요 국가에서 실행했던 예를 살펴보면 그들 국가의 정부와 기업 그리고 대학에서 대규모로 진행된 무작위 통제 실험을 통해서도 경제학과 심리학의 생산적 융합이 가능하다는 사실이 입증되었다고 하는데, 일본의 오파워(Opower)기업의 경우, 전기 사용 내역서의 동료비교(Peer comparison)를 통해 사람들이 전기 소비를 줄이도록 유도함으로써 비용절감(費用節減)과 환경보호(環境保護) 효과를 이루었다고 전해진다.

넷째로, 새로운 사업과 조직 모델의 등장은 혁신적인 방법으로 가치를 창출하고 공유하는 것을 가능하게 만들었다. 또한, 이를 통해 경제와 사회에 혜택을 주는 동시에 자연에도 혜택을 제공하도록 전체 시스템을 변화시켰다. 예를 들면, 자율주행자동차, 공유경제, 임대형 비즈니스 모델을 통해 자산 활용이 눈에 띄게 증가했을 뿐만 아니라, 적절한 시기에 자원을 확보하고 재사용하며 '업사이클(Upcycle)' 하는 작업을 훨씬 쉽게 만들었던 것이다.

이와 같이 제4차 산업혁명을 통해 기업은 자산(資産)과 자원(資源)의 사용주기를 연장해, 그 활용도를 높일 수도 있다고 한다. 인간이 자연자본(自然資本)을 이성적이고 재생적(再生的) 방법으로 활용한다면 지속가능한 생산과 소비로 나아갈 수 있고, 환경이 위협받는 지역에서 조차 생물의 다양성을 회복하는 데 효과적인 솔루션을 제공할 수 있다고 생각된다.

다음은 제4차 산업혁명을 성공적으로 이룩하기 위한 대응 자세와 마음가짐에 대해서 간략히 성찰해 본다. 제4차 산업혁명은 파괴적 혁신을 이끌어내겠지만 그에 따라 발생되는 문제들은 모두 우리가 자초한 일일 것이다.

따라서 그 문제들에 대해 고민하고, 새로운 환경에 적응하기 위해 필요한 변화(變化)와 정책(政策)을 만들어내는 일은 반드시 우리들이 적절히 대응해서 해결해 나가야 할 중요 과제라고 생각된다. 앞으로 우리의 정신과 마음, 영혼(靈魂)을 함께 모아 지혜(智慧)를 발휘해야만 우리에게 닥칠 문제들을 의미 있게 다룰 수 있다고 생각한다.

그렇게 하기 위해서는 다음과 같은 네 가지 지능(知能)을 키우고 적용하여, 파괴적 혁신이 가진 잠재성(潛在性)을 잘 파악하고 끌어내 활용해야 할 것이다.

첫째, 상황 맥락(Contextual)지능(정신): 인지한 것을 잘 이해하고 적용하는 능력.

둘째, 정서(Emotional)지능(마음): 생각과 감정을 정리하고 결합해 자기 자신 및 타인과 관계를 맺는 능력.

셋째, 영감(Inspired)지능(영혼): 변화를 이끌고 공동의 이익을 꾀하기 위해 개인과 공동의 목적, 신뢰성 여러 덕목 등을 활용하는 능력.

넷째, 신체(Physical)지능(몸): 개인에게 닥칠 변화와 구조적 변화에 필요한 에너지를 얻기 위해 자신과 주변의 건강과 행복을 구축하고 유지하는 능력 등이다.

우리의 신체가 정신(精神), 감정(感情) 그리고 사회 전반과 조화를 이룰 수 있도록 해주는 새로운 방법을 이해하고, 파악하는 일은 굉장히 중요하다. 앞으로 의학, 웨어러블 기기, 체내 삽입형 기술, 뇌 연구 등 다양한 분야의 눈부신 발전을 통해 우리는 신체 지능을 유지하고 관리하는 방법을 계속 배워나가야 할 것이다. 따라서 제4차 산업혁명을 제대로 이해하고, 주어지는 기회를 최대한 활용하기 위해 우리의 신체 지능을 유지, 관리하는 방법을 계속 배워야 한다는 것은 더욱 중요해질 능력이라고 생각한다.

'제4차 산업혁명' 대변혁의 본질(本質)과

우리의 대응(對應) 자세 (하)

　일찍이 독일의 낭만주의시대 시인 라이너 마리아 릴케(Rainer Maria Rilke, AD 1875~1926)가 그의 시를 통해 말했듯, '미래(未來)는 우리 안에서 변화(變化)하기 위해 훨씬 전부터 우리 내부에 들어와 있다'라고 갈파한 바와 같이 우리가 현재 살고 있는 시대는 인류시대(Human Age)로 지구 역사상 처음으로 인간의 활동이 지구의 모든 생명유지 시스템을 형성하는 제1세력이 되고 있음을 잊어서는 안 될 것이다. 왜냐하면 모든 것은 우리들의 적절한 대응(對應) 여부에 달려있기 때문이다.

　그러므로 제4차 산업혁명의 시작점에 있는 우리는 앞날을 생각하며, 제4차 산업혁명의 과정에 영향을 미칠 능력을 제대로 갖춰가야 할 것이다. 또한, 번영을 이루기 위해 무엇이 필요한지 아는 것은 중요하다. 아는 것을 실천하는 것은 별개의 문제이다. 제4차 산업혁명은 우리를 어디로 이끌 것이고, 우리는 어떻게 최선을 다해 준비해야 할 것인가?

　또한, 프랑스 계몽시대의 철학자이자 작가인 볼테르(Voltaire, AD 1694~1778)는 '미래의 일을 의심하는 것은 불쾌한 일이지만, 확신하는 것도 어리석은 일이다'라고 말했다.

　실제로 제4차 산업혁명이 어떤 결과를 낳게 될지에 대해서 우리가 안다고 확신한다면 지나치게 순진한 생각일 것이다. 그러나 그것이 어떤 방향일지에 대한 공포와 불확실성으로 얼어붙는다면 이 역시 순진한 행동이라고 생각한다.

앞에서 살펴본 것처럼 제4차 산업혁명의 최종 목적지는 결국 그 잠재력(潛在力)이 최대한 발휘될 수 있도록 만드는 우리의 능력(能力)에 달려 있다고 생각된다.

특히, 제4차 산업혁명이 주는 기회(機會)가 강렬한 만큼 그것이 불러올 문제점 역시 벅차고 무겁다고 판단된다. 그러므로 우리 모두가 함께 제4차 산업혁명의 영향력(影響力)과 효과(效果)에 적절히 대비하여, 도전(挑戰)을 기회로 바꿀 수 있도록 노력해야 할 것이다. 사실 세상은 더욱 빠르게 변화하고, 초연결사회가 되어 더욱 복잡해지고 분열되겠지만, 그럼에도 불구하고 우리는 모두에게 이득이 되는 방향으로 우리의 미래를 설계해나가야 할 것이다. 그리고 지금이 바로 그 절호의 기회라고 생각한다.

따라서 현대인들이 이에 적절히 대응해야 할 기본적인 자세는 결과적으로 다음과 같은 세 가지로 요약해 볼 수 있을 것이다.

첫째로, 가장 중요한 첫 걸음으로 우리는 사회 모든 분야에 걸쳐 인식과 이해를 높여 나가야 한다. 그리고 의사결정시에는 칸막이식(Compartmentailzed) 사고방식에서 벗어나야 한다. 우리가 직면한 문제점들이 상호연계 되어 있다는 점을 감안하면 더욱 그렇다.

제4차 산업혁명으로 발생되는 사안들에 대처할 때 요구되는 이해력은 포용적(包容的) 접근을 통해 생긴다고 한다. 그러므로 다양한 생태계(生態界)를 통합하고, 각 분야에 정통한 지식인(知識人)은 물론 공공분야와 민간분야를 아울러 모든 이해관계자(利害關係者)들을 고려하는 협력적이고 유연한 구조(構造)를 구축해야 할 것이다.

둘째로, 공동의 이해를 기반으로 나아가기 위해서는 현재는 물론 후손(後孫)들까지 생각하여 제4차 산업혁명을 어떻게 이끌어 나갈지에 대한 긍정적이고, 포괄적인 공동의 담론(談論)을 발전시켜야 한다. 아직은 담론의 세부적 사항까지 알 수 없지만, 반드시 포함되어야 할 특징에 대해서는 알고 있다. 예를 들어 미래의 시스템이 반드시 구현해야 하는 가치와 윤리적 원칙을 명확히 해야 한다. 우리가 일상적으로 삶을 영위하는 시장이 부를 창출하는 효과적인 동력(動力)이듯, 가치(價値)와 윤리(倫理)가 개인과 집단의 행동양식(行動樣式) 그리고 시스템의 중심에 자리 잡고 있음을 확실히 해야 한다.

이와 같은 각계각층의 다양한 담론(談論)은 관용(寬容)과 존중(尊重)에서 배려(配慮)와 연민(憐憫)이라는 더 높은 수준의 관점으로부터 지속적으로 발전해나가야 할 것이다.

셋째는 향상된 인식과 공동의 담론을 바탕으로, 제4차 산업혁명이 가져올 기회를 최대한 활용하기 위해 경제적·사회적·정치적 시스템을 개편해야 한다. 지금의 의사결정 시스템과 부가 창출되는 모델은 앞선 세 차례의 산업혁명을 통해 만들어지고 점진적으로 발전되었다. 그러나 이러한 시스템과 모델은 현재는 물론, 제4차 산업혁명 시대를 살게 될 다음 세대의 요구도 제대로 충족시켜주지 못하고 있는 실정이 아닌가 생각한다. 이런 상황이 요구하는 것은 조정이나 별 볼 일 없는 개혁이 아니라 체제적 혁신이 필요한 것으로 판단된다.

만일, 앞에서 세 가지 단계에 대해 확인한 것처럼 모든 이해관계자들이 자신의 의견을 제시할 수 있는 지역적·국가적·초국가적 차원의 지속적인 협력과 대화가 불가능하다면, 우리는 제4차 산업혁명의 최종 목적지에 도달할 수 없게 될 것이며 이는 우리가 기술적 측면만이 아니라 근본적인 요소들이 제대로 갖춰져 있는지에 초점을 맞출 필요가 있기 때문이다.

그러므로 필자는 다중의 이해관계자들의 효율적인 협력과 함께, 제4차 산업혁명의 잠재성이 현재 세계가 직면한 주요 문제들을 다루고 해결해 줄 수 있을 것이라고 확신한다.

우리 종친들도 잘 알고 있듯이 어떤 경우이던지 결국 모든 것은 사람과 문화(文化), 가치(價値)의 문제로 좁혀진다고 볼 수 있다.

따라서 한 나라의 문화(文化)와 국민들의 소득계층(所得階層)을 넘어 모두가 제4차 산업혁명과 그것이 가져올 문명사회(文明社會)의 문제점에 대해 배워야 할 필요성에 대해 깊이 인식(認識)하도록 함께 노력해야 할 것이라고 생각한다.

특히, 무엇보다도 인간을 최우선으로 여기고, 인간에게 힘을 실어주는 새로운 과학기술(科學技術)이 궁극적으로 사람에 의해, 사람을 위해 만들어진 가장 중요한 도구임을 항상 기억하면서 우리들 모두를 위한 미래(未來)를 함께 만들어나가야 할 것이라고 믿어진다.

6. 행복(幸福)한 사람들의 삶에 대한 열정(熱情)과 사랑은 어떠한가 (상)

우리 인간은 본능적으로 불행(不幸)을 거부하고, 행복(幸福)을 추구하는 존재이다. 물론, 천재지변(天災地變)으로 갑자기 불행해지고 뜻하지 않았던 행운으로 행복해지기도 한다. 그러나 현대문명의 눈부신 발달로 인해서 실제로 그럴 가능성은 매우 희박하다고 생각된다. 그리고 대부분의 행복과 불행은 예기치 않게 우연히 찾아오지 않는다.

대체로 무의식적으로 행한 작은 생활습관이 성장해서 불행으로 다가오기도 하고, 반대로 행복이 되어서 다가오기도 한다. 특히, 행복은 인간이 느끼는 감정으로서 예전에는 심리학적인 측면에서 접근했는데 근래에는 과학적으로 규명해 보려는 시도가 이어지고 있다. 경제학자들마저도 행복에 대해서 연구하다 보니, '행복경제학'이라는 새로운 용어까지 등장했다. 개인의 행복과 경제발전의 상관관계를 연구하는 행복경제학자들의 연구에 의하면, 경제발전이 뒤처진 후진국일수록 경제력과 행복은 밀접하다. 먹을 것이 귀한 나라에서는 경제적 풍요로움이 곧 행복이 되기도 한다. 그러나 경제발전이 이루어져 먹고 사는 문제가 어느 정도 해결되면 경제력이 행복에 미치는 영향력은 미미해진다.

오늘날 우리나라 정도의 경제력을 지닌 나라에서는 사실 돈이 행복에 미치는 영향력은 그리 크지 않다고 전해지고 있다. 행복에 대해서 학문적으로 연구하는 학자들도 행복의 조건에 돈을 집어넣지는 않는다. 그들이 행복해지기 위해서 우선적으로 꼽는 세 가지 조건은 '가정의 화목', '원만한 인간관계', '보람 있는 일'이다.

한편, 인간이 불행해지는 근본적인 이유는 멀리 내다보지 못하고, 눈앞의 유혹에 쉽게 빠져들기 때문이다. '예정된 불행'임에도 불구하고 얼마동안은 오히려 그로 인해서 행복하다는 감정을 느끼기도 한다. 그러나 착각은 오래 지속될 수 없다. 착각에서 깨어나게 되면 끔찍한 불행과 얼굴을 마주해야 한다. 그리고 행복하게 살기 위해서는 꿈과 열정이 있어야 한다. 꿈이 있고 열정적인 사람은 유혹에 시달릴지언정 쉽게 넘어가지 않는다. 뚜렷한 목표가 없으면 쉬었다가 가라는 유혹에 쉽게 빠져들게 된다. 그들에게 인생은 지루할 정도로 길어서 서둘러야 할 이유가 없기 때문이다. 하지만 꿈과 열정이 있는 사람은 가야 할 길이 멀기 때문에 유혹은 과감히 뿌리치고 길을 떠난다.

그러므로 내 인생의 텃밭에 '예정된 행복'의 씨앗을 심어서 소중히 가꾸다 보면 훗날 그것이 무성히 자라나 나의 인생을 즐겁게 할 수 있을 것으로 생각된다. 또한, 행복은 분명히 다채로운 가치이다. 우리가 삶을 영위하는 지구상에 70억 인구가 있다면 행복의 종류도 70억이 넘게 존재해야 할 것이라고 생각한다. 그렇다면 행복을 이루어가는 방법은 훨씬 많은 경우의 수로 예측해야 할 것이다. 이러한 무수한 가능성을 단번에 아우를 수 있는 방법론은 그 누구도 쉽게 제시할 수 없겠지만 다음과 같은 네 가지 사항을 잘 활용한다면 행복에 조금 더 능동적이며, 성실히 다가갈 수 있을 것으로 판단된다.

첫 번째로는 가장 먼저 '열정과 문화(Passion and Culture)'를 삶의 밑바탕에 다져놓아야 한다. 우리가 이미 알고 있고, 마음속에 잠재되어 있으며, 인간이 지닌 아름다운 가치로 인정하는 것이 바로 열정(熱情)이라는 말일 것이다. 그리고 문화(文化)는 열정을 가진 사람들을 수용하고 뒷받침할 수 있는 집단적 정서(情緒)를 의미한다.

두 번째로는 '신뢰받는 파트너가 되는 것(Be a Trusted Partner)'이다. 행복은 관계를 떠나 성립될 수 없다고 한다. 그것은 목표를 성취해가는 과정에서든 그 결과를 수용하는 단계에서든 우리는 누군가와 관계를 맺으며 영향을 받을 수밖에 없다고 한다.

세 번째로는 '높은 가치의 문제를 찾아내는 것(Find high value problems)'이다. 우리가 수동적으로 마주치는 문제만 해결하다 보면 사람이 문제에 종속되기 쉽고 어렵게 이루고 난 후에도 그에 걸 맞는 충족감은 얻기 힘들기 쉽다. 따라서 능력과 열정을 발휘할 수 있는 문제, 삶의 질을 향상해줄 수 있는 높은 가치의 문제를 능동적으로 찾아내어 해결할 때, 우리의 삶은 행복을 향해 더욱 가까이 다가갈 수 있을 것이다.

네 번째로는 '높은 가치의 문제를 해결하는 것(Solve high value problems)'이다. 열정과 문화를 바탕에 두고, 성취 과정을 함께 나눌 수 있는 좋은 파트너가 되어 높은 가치의 문제를 능동적으로 찾아내 최선의 방식을 해결해 나가야 할 것이다.

이와 같이 피라미드식 문제 해결방법을 적용해 자신이 정한 가치와 인생의 목표를 추구하다 보면 자신의 삶도 완성될 것이다. 수많은 돌을 켜켜이 쌓아올려 완성하는 피라미드처럼 말이다. 그 크기나 높이는 중요하지 않다. 다만, 얼마나 단단하고 견고하게 쌓아올리느냐가 핵심이라고 말할 수 있다.

따라서 우리가 최선을 다해 지금 이 순간을 살아갈 때 얻어지는 작은 행복의 경험들이 우리들을 행복한 사람으로 만들어 줄 수 있을 것이라고 생각된다.

 ## 행복(幸福)한 사람들의 삶에 대한
열정(熱情)과 사랑은 어떠한가 (중)

오늘날 뚜렷한 목표의식을 갖고, 열정적으로 생활해가는 사람들은 비록 바쁘게 살아가고 있지만 자신이 하는 일에 보람과 긍지를 느끼면서 행복하게 살아가는 사람들이라고 볼 수 있다. 그들은 분주한 생활과정에서도 많은 사람들에게 사랑과 은혜(恩惠)를 베풂으로서 그들의 생활에 밝고 활기찬 에너지를 불어넣어주는 데 일정한 역할을 하고 있다는 사랑의 메신저임에 만족감(滿足感)과 행복감(幸

福感)을 만끽하며, 생활하고 있음을 알 수 있다.

　그들은 일상생활을 해가면서 자신의 생각과 행동이 과연 얼마나 올바르고 사심이 없는 것인가? 그리고 진정한 사랑의 마음을 담아 타인들에게 전해졌는가? 등에 관해서 기회 있을 때 마다 자기 자신에게 묻고, 자기의 본심(本心)을 되돌아보는 기회를 찾는 생활습관(生活習慣)을 갖고 살아가고 있는 것으로 전해지고 있다.

　세계적으로 널리 이용되고 있는 개인용 컴퓨터(PC) 애플(APPLE)사의 창업자 중 한 사람인 미국의 '스티브 잡스(Steve Jobs, 1955~2011)'는 평소에 다음과 같은 생활습관을 갖고 있었다고 한다.

　'거의 매일 아침 9시, 그리고 오후 4시 반에는 무엇을 하고 있었던지 일단 멈추고 함께 일하는 팀원들과 함께 명상(冥想)을 합니다. 그렇게 함으로써 우리 자신의 안정(安定)을 찾고, 자기 자신의 중심으로 돌아가지요. 제가 지속하고 싶은 한 가지는 매일 제 중심을 잡고, 저 자신을 위해서 명상을 하는 것입니다.'

　또한, 미국의 저명한 TV방송과 세계적으로 시청률이 높은 미국 라디오 방송의 여성 진행자인 '오프라 윈프리(Oprah G. Winfre, 1954~)'도 다음과 같은 생활습관을 갖고 있다고 한다.

　'가만히 내면을 들여다보면 점점 마음속 불안의 파도는 잦아들고, 여백이 생겨납니다. 이때 직관(直觀)이 생겨납니다.'

　이와 같이 탁월한 성취를 한 많은 사람들은 스스로의 마음에 관심을 갖는 것이 얼마나 중요한지 알고 있고, 그래서 그들은 명상을 하는 생활습관을 갖고 있는 것이 아닌가 생각된다. 즉, 명상으로 자기 자신을 돌아보는 기회를 통해 현재 자신의 모습을 정확히 알게 되고, 쓸데없는 생각으로 낭비되는 시간을 줄이고, 가장 중요한 것에 집중하며 살 수 있게 되기 때문일 것이라고 생각된다.

우리 종친들이 생활해 가면서 더욱 행복해지고 사랑이 깃든 생활을 영위해 나가기 위해서는 본래의 마음을 찾고 닦아야 하는데, 그 이유는 우리들은 근본적으로 원래 완전한 진리(眞理)의 존재이기 때문이라고 믿어진다. 다시 말하면 우리 인간이 이 세상에 태어난 이유와 목적은 완성(完成)되는 것이고, 완성되는 것은 살아가는 것이고, 또한 죽지 않는 것이며, 이것은 진리의 몸과 마음으로 다시 태어나는 것이기 때문이라고 생각된다. 우리의 본래 마음은 우주(宇宙) 이전의 우주, 순수 허공 자체인 진리(眞理)라고 생각한다. 이 존재는 영원 전에도 있었고, 지금도 있고, 영원 후에도 있는 살아있는 비물질적 실체인 것이다.

이 존재는 물질이 아니라 사람들이 볼 수도 들을 수도 만질 수도 냄새도 맛도 없으나 살아 있고 영생불멸의 존재인 것이다. 즉, 온 누리의 삼라만상(森羅萬象)은 이 존재로부터 나왔다고 볼 수 있다. 사람이 몸 마음이 있듯이, 이 존재를 본래, 원래 본심인 본 마음, 참마음이라고도 하며, 기독교의 하느님, 불교의 부처님도 이 존재가 아닌가 생각된다.

그런데 사람이 이 존재가 되지 못하는 것은 자기가 만든 허상의 세계 속에서 살아가기 때문이 아닌가 믿어진다. 사람은 지금 이 땅을 밟고 사니까 세상에서 사는 줄 알고 있지만 눈으로 봄과 동시에 사진을 찍어, 자기가 만든 사진 속에서 살고 있다고 볼 수 있다.

사진이 참이 아니듯 마음에 찍은 사진의 세계는 참이 아닌 것이다. 참인 세상을 등지고 자기가 세상의 것을 마음속에 다가지고는 사진세계에 살고 있으니 결국 자기도 사진이나 다름이 없는 것이다. 즉, 인간이 만든 마음의 세계를 모두 부수면 원래인 하늘만 남고 이 자체의 몸 마음으로 거듭나 영생불멸(永生不滅)의 존재가 된다고 볼 수 있다. 이것이 바로 인간이 이 세상에 태어난 이유(理由)와 목적(目的)이며, 완성(完成)되는 것이라고 생각한다.

결국 행복은 자신의 마음에 따르는 것이라는 말이 있다. 즉, 모든 것을 다 소유하고 있어도 마음이 텅 비어 있다면, 그것은 빈 곳간을 지키는 것처럼 불필요하고 답답한 일일 것이다. 아무리 가난하고 가진 것이 없어도 마음이 가득 차 있다면 포식하지 않아도 배가 고프지 않는 것과 같다. 마음이 부자인 사람은 행복하지만 마음이 가난한 사람은 불행해질 수 있다는 말과 같은 것이다. 한편, 사람이 향기로운 것은 사랑이 있기 때문이라는 말도 가능할 것이다. 일반적으로 '사람'이라는 뜻은 '삶'이라는 개념에서 풀려난 것이라고 한다.

그렇다면 '사람'은 곧 '사랑'과 통한다고 볼 수 있을 것으로 생각한다. 즉, 사람은 살아있는 동안 인간의 자격(資格)을 갖출 수 있다고 보아야 할 것이다.

우리가 살아가고 있는 이 세상의 삶은 눈물의 골짜기도 아니고, 시련만 연속되는 공간도 아닌 것이다. 사실 이 세상은 우리가 상상

할 수 없을 정도로 멋진 낙원(樂園)이기도 하다. 이와 같은 세상을 살아가는 기쁨은, 인생은 기쁨을 향유(享有)하기 위해 존재하는 것이라고 믿을 때, 행복을 발견하게 된다고 믿어진다. 그런데 그 기쁨이 끝났다면 어디에 잘못이 있었는지를 반성해 보아야 할 것이다. 따라서 하루하루 더 나은 인간이 되려고 노력하는 삶보다 더 아름다운 인생은 없는 것이다. 실제로 자기 자신이 더 나은 인간으로 성숙되어가고 있다는 것을 느끼는 기쁨은 최상의 보람이라고 할 수 있을 것이다. 그것이 바로 우리 인간이 오늘날까지 끊임없이 경험해온 기쁨이며, 진정한 행복이라고 말할 수 있을 것이다.

행복(幸福)한 사람들의 삶에 대한 열정(熱情)과 사랑은 어떠한가 (하)

일반적으로 행복한 사람들의 행복의 조건은 바로 건강한 노동에서 창출된다고 하는데, 그 첫째는 자기 좋아하는 자유로운 노동(勞動)이며, 두 번째는 식욕을 돋우고, 깊고 조용한 잠을 자게 해주는 육체노동일 것이다. 사실 육체노동은 모든 사람들의 의무이자 행복인 것이다. 이 세상에 번뇌가 없는 낙원과 같은 생활이나 우리가 동경해 마지않는 호화로운 생활이 매력적인 것은 틀림없지만, 양쪽 모두 어리석고 부자연스러운 것임을 부인할 수 없을 것이다. 왜냐하면 쾌락만 있는 곳에는 결코 진정한 행복은 있을 수 없기 때문이다.

어쩌다가 일하는 틈틈이 쉬는 짧은 휴식만이 진정으로 즐겁고 행복한 감정을 가져다줄 것이기 때문이다. 또한, 우리의 일상생활에는 기쁨이 절대적으로 필요하다. 우리의 정신은 물론 육체적으로도 건강과 활력을 유지해 나가기 위해서는 기쁨이 필요한 것이다.

그러므로 작은 일을 통해서라도 기쁨을 갖기 위해서는 성실한 노력이 필요하다고 생각된다. 그러나 우리가 현명하다면 영속적인 기쁨은 언제라도 얻을 수 있으며, 결코 부정할 수 없는 참된 기쁨을 찾아야 할 것이다. 자책이나 후회가 따르지 않는 기쁨을 찾아야 한다.

이 세상의 기쁨에는 우리의 선택과는 관계없이 자책과 후회의 감정이 따르게 마련이다. 그러므로 기쁨만을 추구해서는 안 되며, 올바르게 삶을 살면 기쁨은 기적처럼 찾아오는 신기루와 같은 것이 될 것이다. 이 세상에서 가장 단순하고 비용이 들지 않는 필요에 따른 기쁨이 최상의 행복이라고 말할 수 있을 것이다.

만일, 우리들의 마음속에 행복이 깃들어 있다면 세상은 온통 환한 빛으로 빛날 것이다. 그 빛을 따라가면 늘 행복의 길을 걸어갈 수 있을 것이다. 그러므로 행복이란 눈으로 보는 것이 아니라 마음으로 느끼는 소중한 빛과 같은 감정인 것이다.

일찍이 19세기 말경 스위스의 작가인 '칼 힐티(Karl Hilty, 1833~1909)'는 자신의 삶 속에서 불행에서 벗어나는 행복을 추구하기 위한 방법으로 「작은 기쁨을 위하여」라는 시를 통해서 다음과 같이 노래한 바 있었다.

기뻐하라 / 나의 어두운 마음이여 / (중략) / 오늘은 세상이 밝은 빛으로 아름답다/ 마치 새로 태어난 것처럼 / 나는 이 넓고 푸른 초원의 언덕에서 / 이미 많은 괴로움을 벗었다/ 이슬이 풀잎에서 빛으로 반짝인다 / 찬란한 아침 햇살을 받고 / 저 투명하게 푸른 하늘에는 / 알프스 융프라우의 흰 눈이 선명하다 / (중략) / 찬란한 여름의 환희가 / 봄의 광풍을 몰아내고 달려온다

본래 사람은 누구나 즐겁게 살 권리가 있다. 한 번밖에 없는 인생을 즐겁게 살고 싶다는 생각에는 아무런 잘못이 없다. 그러면 이 인격적 사귐의 행복은 무엇인가. 한마디로 말해서 사랑과 봉사인 것이다. 참다운 사랑 이상의 행복이 어찌 있겠는가? 이웃과 사회를 위한 봉사의 생활보다 더 값진 삶의 내용이 무엇이겠는가? 조그만 일에서부터 사랑을 느끼고 행복을 배우는 습성, 이것은 곧 행복으로 가는 인생의 지름길이다. 하늘은 스스로 돕는 자를 돕는다. 행복을 찾아 바르게 사는 사람에게는 행복은 절대 비껴가지 않는다. 일해서 버는 기쁨, 노력해서 거둬지는 결실의 기쁨에서 진정한 행복을 찾아야 하겠다.

기독교 사상을 처음 정리한 '사도 바울(Saint Paul, ?~AD 67?)'은 믿음, 소망, 사랑 이 셋은 항상 있을 것인데, 그 중의 제일은 사랑이라고 말했다. 지성과 믿음의 진리가 얼마나 소중한가는 누구도 의심치 않는다. 의지와 희망, 믿음의 가치가 바람직스럽다는 사실도 재

론의 여지가 없겠다. 그러나 그것들보다 사랑이 더 중요하다는 것은 무엇을 뜻하는가? 심리학적으로 보면 감정(感情)과 예술(藝術)과 아름다움이 그로부터 주어지기 때문일 것이다. 우리 생활을 좌우하는 정서적 비중이 막중하며, 그것은 사랑에 의해 아름다움을 창조해가기 때문이다. 사랑이 없으면 모든 것이 추함과 미움으로 변한다. 그러나 사랑이 있으면 모든 대상과 세계는 아름다움으로 가득 차는 법이다. 내 아들 딸들이 다른 어떤 어린이와 청소년보다도 귀하게 보이는 것은 사랑이 잠재해 있기 때문이다.

따라서 진실한 사랑은 자신을 목적으로 삼지 않는다. 이때 우리가 조심해야 하는 것은 자신과 자신이 지니고 있는 인생의 가치를 혼동하지 말아야 한다는 것이다. 나의 행복이나 출세, 명예가 목적일 수는 없어도 내가 지니고 있는 진실이나 삶의 가치는 지켜지며 때로는 그 자체가 목적일 수도 있다.

물론 자신보다 더 귀한 것은 없다. 온 천하를 주고도 바꿀 수 없는 것이 자신의 생명(生命)과 인격(人格)이다. 그러나 그 자신의 생명과 인격보다도 더 높고 귀한 것을 사랑하기 위해 자신을 바칠 수 있다면 그보다 더 귀한 삶이 어디 있겠는가? 그것은 마치 양초가 빛을 위해 불타야 하며, 한 알의 밀이 썩어서 열매를 맺는 것과 같은 삶의 태도이다.

우리가 깊이 생각해 보면 인간은 자신이 목적이어서 살 때는 참다운 삶을 갖지 못한다. 자신보다 더 영원하고 고귀한 것을 사랑하며, 그 사명(使命)을 실천(實踐)하며 사는 사람이 진실로 뜻있는 삶을 살도록 되어 있다. 종교적 신앙은 언제나 고귀한 사명을 위해 자신을 바치려는 일로 시작되기 때문이다. 사랑의 극치는 바로 이런 것이라고 생각되어진다.

우리가 할 수 있는 사랑과 사랑의 열매는 최후의 목적에 있는 것이 아니며, 하루하루 삶 속에서 발견되어야 한다고 생각한다. 또한, 한 시간 한 시간을 사랑 속에 살며, 한 사람 한 사람을 깊은 사랑으로 대해가는 것이 진정으로 가치(價値) 있는 삶이라고 믿어진다.

7. 행복(幸福)한 인생과 희망·용기 있는 삶의 모습

『그대 있음에 내가 있네』를 정성스럽게 만들어 세상 밖으로 선보이는 본인은 마치 시집가는 새 색시가 꽃가마를 타고 가면서 설레는 마음으로 이제까지 경험해 보지 못한 딴 세상을 향해 가는 심정으로 아주 조심스럽게 많은 사람들에게 다가가고 있는 듯한 느낌이다. '그대 싱그럽고 아름다운 젊음의 향기는 아직도 나의 삶에 남아, 사랑과 열정이 충만한 행복한 인생을 살아갈 수 있는 활력을 갖게 했음'에 우선 그대에게 진정으로 감사드리고 싶다. 지금은 유명을 달리하고 천상의 세계해서 편안히 지내고 계시는 부모님들과 조상님들, 그대들께서는 나의 생명의 은인이시고, 훌륭한 가르침과 무한한 은혜를 베풀어 주심으로써 지금의 나에게 행복한 인생을 살아갈 수 있는 역량을 주셨다.

저자의 본관은 경남 밀양(密陽)으로 박혁거세 시조대왕으로부터 67세손이며, 사문진사공파(四門進士公派) 28세손이다. 본인은 5대 조상(부모, 조부모, 증조부모, 고조부모, 현조부모)때부터 서울을 연고지로 해서 본적지 이면서 출생지이기도 한 곳인 서울에서 교육과 사회생활을 면면이 해왔던 것으로 기억된다.

본적지는 서울특별시 성동구 하왕십리동 402번지이고, 출생지는 서울특별시 성동구 신당동 304번지 그리고 유소년기를 보낸 곳은 역시 서울 신당동 247-44번지(을지로 7가)로서 오늘날 세계적인 거대도시로 발전한 서울을 동서로 관통하는 대로변에 위치한 주상복합건물 빌딩의 안채에 살았다.

우리 형제자매들은 한 부모 슬하에서 자란 7남 4녀로서 나는 7형제 중 5번째로 태어나서 위로 4명의 형(진태, 진영, 진흥, 진웅)들과 아래로 2명의 남동생(진철, 진학), 4명의 여동생(혜숙, 혜영, 혜옥, 혜명)들의 가교 역할을 해 가며, 형제자매들 간의 우애를 돈독히 해 가면서 행복하게 생활해 왔던 것이다.

누가 봐도 우리 식구들은 분명히 대가족이었음에는 틀림이 없었다. 그런데 이와 같은 대가족을 부양하고, 건강히 양육하면서, 가정교육과 학교교육을 의연하게 뒷받침해 주시는 부모님들은 어떤 인품과 어떤 가문에서 자라오시고 또한 어떤 생활능력을 갖고 계시기에 우리 형제자매들을 튼실하게 키워주셨을까 등에 관해서 뒤늦게나마, 부모님들께 보은(報恩)하고, 감사(感謝)드리는 심정으로 그 행적을 조심스럽게 고구(考究)해 본다.

먼저 아버지의 함자는 박원길(朴元吉, 1914년 1월 25일생[음])이시고, 15세 때 조부(박정록)님을, 17세 때 조모(김순아)님을 여의셨고, 형제 3남 2녀 중 셋째이셨던 아버지는 형제들마저 모두 일찍이 여의셔서 소위 조실(早失)부모형제 한 상태였으나 아버지는 항상 근면 성실한 생활태도를 꿋꿋이 견지해 오셨을 뿐만 아니라 예술 분야인 사진 촬영, 제작 기술을 익혀 '현대 스튜디오(현대 사진관)'를 운영함으로써 외조부로부터 아버지의 부지런함과 인품을 높이 평가받아 외조부의 장녀를 배우자로 맞게 됨에 따라서 마침내 다복한 일가를 이룩했던 것이다.

어머니의 함자는 오영순(吳永順, 1914년 10월 4일생[음])이시고, 6남 3녀 중 장녀이셨다고 한다. 우리가 대가족이었기 때문에 집안일하는 사람, 아이들 돌보는 사람 그리고 부엌일하는 사람 등 항상 일하는 사람 4~5명의 한 가족이 우리와 함께 살았지만, 어머니는 우리 형제자매들을 손수 건사하셨고, 특히 아버지에게 각별한 존경심과 사랑을 베풀어 오신 것으로 전해진다. 또한 아버지께서도 어머니에게 존경과 사랑을 베풀어오셨고 평소에도 존댓말을 하시는 것을 보고 들으면서 자란 나는 지금의 배우자와 결혼한 이후 아버지가 어머니에게 하시는 언행을 그대로 따라서 배우자에게 하면서 역시 존경과 사랑을 베풀어 왔고, 본인의 1남 3녀의 자식들을 건강하게 키워왔다. 그리고, 큰딸(승현)과 큰사위(윤성준) 사이에 1남1녀(상원, 소연)의 외손자녀, 셋째딸(승림)과 작은사위(이철희) 사이에 2녀(현지, 윤지)의 외손녀를 역시 건강하게 성장시켜 오는 등 행복한 삶을 영위해 왔다.

이와 같이 우리들은 조상님들의 사랑과 열정이 가득 찬 가르침을 잘 따르면서 자기 앞의 삶을 희망차고 용기 있게 살아가기 위해 노력하는 삶의 모습을 견지하면서 오늘도 행복한 인생을 살아가고 있다.

다움한의원

주소: 경기 안양시 동안구 동안로 120 평촌스포츠센터 6층 603호
전화: 031-381-1275~6(지하철 4호선 범계역 3번 출구 앞 건물)
원장: 이철희, 박승림(한의학 박사)

에필로그

고대 제정 로마시대의 철학자이자 정치가인 '세네카(Lucius An-
naus Seneca, BC 4~AD 65)'는 그의 저서 『은혜(恩惠)에 대하여』를 통
해서 '자기 자신을 존재하게 한 생명의 은인(恩人)인 조상(祖上)님들
의 큰 은혜와 열정적인 삶에 대한 가르침을 저버린 사람은 부도덕
할 뿐만 아니라 가정과 사회에서의 역할을 제대로 할 수 없게 되고,
성공하기도 어렵다'라고 지적했습니다.

『그대 있음에 내가 있네』를 읽고 난 지금 독자 여러분들은 어떠한
가요? 여러분들은 훌륭한 조상님들에 대한 뿌리의식과 감사하는
마음이 얼마나 생기셨습니까? 대체로 사람은 부모로부터 큰 은혜
를 입어 이 세상에 태어나서 살아가는 한 평생 동안 수많은 사람들
과 은혜를 주고받으면서 살아가게 됩니다.

그리고 우리들은 여러 가지 경우의 인연(因緣)을 맺으면서 삶을 영
위해 가게 됩니다. 그런데 그러한 인연을 크게 나누어서 생각해 보

면 네 가지로 분류해서 볼 수 있을 것입니다.

첫 번째로 가장 중요시되는 인연은 그 누구도 부정할 수 없고, 갈라놓을 수 없는 인연인 부모와 자식 간의 인연 즉, 부모와 나와의 인연입니다.

두 번째로 중요시되는 인연은 형제지간 즉, 동기 간의 인연으로서 한 부모로부터 태어난 인연이거나 비록 이복형제이거나 간에 역시 매우 귀중한 인연을 맺은 인간관계임에는 틀림이 없다고 생각합니다.

세 번째로 중요시되는 인연은 기나긴 인생 여정동안 함께 오욕과 칠정을 나누고 공감하면서 길동무가 될 인생의 동반자 즉, 배우자와의 인연입니다. 그런데, 이 경우의 인연은 첫 번째와 두 번째 인연이 반드시 지켜져야 할 인연인 필연(必緣)인데 반해서 세 번째 인연은 자의적이건 타의적이건 중도에 인연을 끊어야 하는 경우가 발생하게 되면 부득이 절연(絕緣)을 할 수도 있게 된다는 것입니다.

네 번째로 맺어지는 인연은 삶을 영위해 가는 동안, 또는 학창 시절과 사회생활 과정에서 만나게 되는 동창생 친구들이나 선배·후배 등 수많은 사람들과의 인연을 생각할 수 있을 것입니다. 그러나 이러한 인연의 경우 좋은 인간관계를 맺는 선연(善緣)과 나쁜 인간관계를 맺는 악연(惡緣)으로 구분해 볼 수 있을 것입니다.

우리들은 주어진 삶을 살아가는 동안 맺게 되는 네 번째 인연들은 가능한 한 좋은 인연을 맺도록 노력함으로써 나 자신과 가족들과 이웃이 함께 잘 어울려서 화목하게 살아가는 지혜를 발휘해나가는 아량과 덕성을 지녀야 할 것입니다.

또한, 부모 자식과의 관계에서도 자식이 부모에게 무한한 은혜에 대해서 감사하는 마음은 물론 존경심과 함께 무한한 사랑을 베풀면서 살아가야 하며, 형제 간에도 서로 존경과 사랑을 베풂으로서 동기간에 돈독한 우의의 정을 나누며 살아가는 것이 인생을 아름답게 향유하는 것이라고 생각합니다.

특히, 가족 간 또는 일가친척들 간에도 서로 존경과 사랑을 나누면서 살아간다면 행복한 인생이 영위될 수 있을 것이라고 믿어집니다.

독일의 철학자 '칸트(Immanuel Kant: 1724~1804)'가 설파했듯이 우리가 행복해 지기 위해서는 '사랑하는 사람이 있고, 할 일이 있으면서 미래에 대한 꿈과 희망이 있으면 우리는 행복한 삶을 살아갈 수 있다'라는 가르침을 적극 유념해서 행복한 인생을 살아갈 수 있다는 긍정적인 확신을 가져야 할 것입니다.

본인이 《한빛신문》 창간 이후 오늘날 까지 11년 동안 오피니언 칼럼에 꾸준히 써온 논설문을 한데 모아 이번에 책을 발간하게 된 것은 '사람은 흐르는 물에 두 번 발을 담글 수 없고, 세월 또한 흘러가고 거슬러 오는 법이 없다'는 말이 있듯이 짧지 않은 지난 세월동안 본인이 품었던 생각과 삶에 대한 지혜, 식견들을 더 세월이 흐르기 전에 단행본으로 엮어 세상 밖으로 출시, 많은 독자들에게 선보임으로써 본인 자신의 생각과 식견을 또 다른 차원에서 되돌아 볼 필요를 느꼈기 때문입니다.

저의 이름을 내 건 『그대 있음에 내가 있네』를 세상에 내놓으면서 저는 솔직히 조금은 쑥스러운 감정과 함께 새로운 사랑과 열정이 샘솟아 오름을 느낍니다.

저는 앞으로도 계속해서 《한빛신문》의 논설문을 써서 많은 사람들에게 참신한 삶의 지혜와 올바른 식견을 제공하고, 공유하도록 더욱 노력하겠습니다.

독자 여러분들의 많은 관심과 사랑을 기원합니다.

동원 박진석

- The preface of an author -

I have write to an editorial at opinion column ≪The Han Bitt newspaper≫ that it is the great Park's Royal Family newspaper from first published in Feb. 2007 year to the present time during the eleven years.

I remember myself and my thinks.

I hope much from the whole country five million Parks Royal Family to give myself life's wisdom, experience, knowledge and I expect that they carry on ambitious life.

Once in a while, I have been feel a worth and the pride when I received thanks telephone and thanks message and many interest from Park's Family.

Formerly, ancient times greek philosopher "Socrates" says 「knowledge yourself!」 generally, person is the existence that they have "Five Desire" and "Seven Feelings".

But, we have living to have no regret life that you make the wisdom to see yourself about and unselfish.

During that time, I had write report the editorial to ≪The Han Bitt newspaper≫ also through this opportunity, I think, I hope that I want to sympathy and a deep impression on the audience and I have decide to under a title "I seek for an Han Bitt".

≪The Han Bitt newspaper≫ is the great royal family newspaper. But the originator the Great, Park Hyuch Guse. The Great's the teachings of "Kwang Myung Lee Sea" just, 『The Han Bitt』 is what is bright the world and help to many person through big bright and I have the origin.

In 『YOU ARE, THEREFOR I AM』 the book, Having the editorials of all the 28th volumes in the form of essay.
It is made up composed of the first part 7, the second part 7, the third part 7, the fourth part 7 volumes.
Bygone days, during eleven years my son Seung chul, Park take part in regulate a contribution and work to Per—sonal Computing.

And then, my wife (a Poetess Jung Jae Hee) have been Coop—erate with an editing and the publication.
In conclusion, I thanks from the botton of my heart to

my three daughters (Seung Hyun, Seung Min, Seung Lim, Park) and a publising Company 「Chung Ua」 the president Young Chul, Lee.

And I Pray for a person that they have lifes courage, dreaming, in the future with LOVE and PASSION.

Thank you very much everyone.

in a library – **Jefferson Park, Jin Seok**